U0783324

胜任

competence

董振华 主编

国家行政管理出版社
NATIONAL ADMINISTRATION PRESS
·北京·

图书在版编目（CIP）数据

胜任 / 董振华主编 . —北京：国家行政管理出版
社，2021.9

ISBN 978-7-5150-0975-9

Ⅰ.①胜… Ⅱ.①董… Ⅲ.①领导人员－能力培养－
研究－中国 Ⅳ.①D630.3

中国版本图书馆 CIP 数据核字（2021）第 185031 号

书　　名	胜　任
	SHENGREN
作　　者	董振华　主编
责任编辑	刘韫劼
出版发行	国家行政管理出版社
	（北京市海淀区长春桥 6 号　100089）
综 合 办	（010）68928887
发 行 部	（010）68922366　68928870
经　　销	新华书店
印　　刷	北京盛通印刷股份有限公司
版　　次	2021 年 9 月北京第 1 版
印　　次	2021 年 9 月北京第 1 次印刷
开　　本	170 毫米×240 毫米　16 开
印　　张	12.25
字　　数	146 千字
定　　价	48.00 元

本书如有印装问题，可联系调换，联系电话：（010）68929022

CONTENTS 目 录

引言　牢记"国之大者"　担当历史重任 ………………………… 1

17 第一章
加强党性修养

一、理想信念是中国共产党人的精神支柱和政治灵魂 … 19

二、对党忠诚是中国共产党人首要的政治品质 ………… 26

三、理想信念坚定和对党忠诚是紧密联系的 ………… 33

四、加强党性修养是共产党员的终身课题 …………… 39

49 第二章
坚持实事求是

一、坚持一切从实际出发，是我们想问题、作决策、
办事情的出发点和落脚点 ………………………… 51

二、坚持从实际出发，前提是深入实际、了解实际 …… 58

三、要了解实际，就要掌握调查研究这个基本功 ……… 62

四、坚持实事求是最需要解决的是党性问题 …………… 69

77 第三章
勇于担当作为

一、干事担事是干部的职责所在 ⋯⋯⋯⋯⋯⋯⋯ 79

二、做好工作都要担当作为 ⋯⋯⋯⋯⋯⋯ 86

三、担当和作为是一体的 ⋯⋯⋯⋯⋯⋯ 93

四、凡是有利于党和人民的事就要坚决地干 ⋯⋯⋯ 98

105 第四章
敢于坚持原则

一、坚持原则是共产党人的重要品格 ⋯⋯⋯⋯ 107

二、坚决不做"好好先生" ⋯⋯⋯⋯⋯ 114

三、共产党人讲党性和原则就要讲斗争 ⋯⋯⋯⋯ 119

四、丢掉幻想、勇于斗争 ⋯⋯⋯⋯⋯ 126

133 第五章
严守规矩底线

一、讲规矩、守底线，首先要有敬畏心 ⋯⋯⋯⋯ 135

二、严以修身，才能严以律己 ⋯⋯⋯⋯ 146

三、正心明道、怀德自重 ⋯⋯⋯⋯⋯ 152

161 第六章
锤炼过硬本领

一、刻苦学习克服本领恐慌 …………………… 163

二、多读书、读好书 …………………………… 168

三、做什么学什么、缺什么补什么 …………… 172

四、坚持在干中学、学中干 …………………… 176

五、在实践中善于总结思考 …………………… 181

后　记 …………………………………………… 187

引　言
牢记"国之大者"　担当历史重任

习近平总书记在 2021 年秋季学期中央党校（国家行政学院）中青年干部培训班开班式上的重要讲话中指出，年轻干部生逢伟大时代，是党和国家事业发展的生力军，必须练好内功、提升修养，做到信念坚定、对党忠诚，注重实际、实事求是，勇于担当、善于作为，坚持原则、敢于斗争，严守规矩、不逾底线，勤学苦练、增强本领，努力成为可堪大用、能担重任的栋梁之才，不辜负党和人民期望和重托。党员干部必须始终牢记"国之大者"，补足精神的"钙"，坚定理想信念，炼就政治慧眼，在大是大非问题上立场坚定、决不动摇；培养战略眼光和战略定力，做到实事求是、坚持原则、敢于斗争，从大局、长远上看问题，多打大算盘、算大账，少打小算盘、算小账；不断提高自身政治站位、科学思维能力、解决实际问题的能力，做到无私奉献、廉洁奉公和知行合一，将党和国家的各项事业不断推向前进。

一、补足精神的"钙"，坚定理想信念

一个党、一个国家、一个民族，不能没有灵魂。人民有信仰，

国家有力量，民族才有希望。近代以来，中华民族之所以能够战胜一个又一个的风险挑战，创造一个又一个的历史奇迹，就是因为我们有伟大的政党团结带领伟大的人民，坚定信仰，胸怀理想，不负人民，砥砺前行，不懈奋斗。

中国共产党成立100年来，始终是有崇高理想和坚定信念的党。这个理想信念，就是马克思主义信仰、共产主义远大理想、中国特色社会主义共同理想。马克思主义是我们立党立国的根本指导思想，是我们党的灵魂和旗帜。坚持和巩固马克思主义的指导地位，是党和人民团结一致、始终沿着正确方向前进的根本思想保证。我们党之所以能够团结带领人民前仆后继、顽强奋斗，把贫穷落后的旧中国变成日益走向繁荣富强的新中国，中华民族伟大复兴展现出前所未有的光明前景，其中最根本的原因是我们始终坚持马克思主义基本原理，坚持实事求是，从中国实际出发，洞察时代大势，把握历史主动，进行艰辛探索，不断推进马克思主义中国化时代化，指导中国人民不断推进伟大社会革命。

马克思主义奠定了共产党人坚定理想信念的理论基础，坚持马克思主义基本立场观点方法洞察人类历史发展趋势，我们就会看到：资本主义社会生产力的发展为共产主义准备了物质条件和革命力量，资产阶级的灭亡和无产阶级的胜利是同样不可避免的，人类社会最终必将走向共产主义。只要人民成为自己的主人、社会的主人、人类社会发展的主人，共产主义理想就一定能够在不断改变现存状况的现实运动中一步一步实现。基于马克思主义世界观方法论，我们就会深刻认识到实现共产主义是由一个一个阶段性目标逐步达成的历史过程，共产党人的生命意义就在于把共产主义远大理想同我们正在进行的社会主义伟大实践统一起来，为共产主义奋斗终身。

　　中国特色社会主义是我们根据马克思主义基本原理，结合中国具体实际守正创新所走出来的一条光明大道。马克思主义并不是僵死的教条，而是在运用中不断发展的实践的理论。坚持马克思主义，就必须在坚守其基本价值追求和科学社会主义基本原则的基础上，根据自己的国情、自己的历史文化传统和所处历史阶段创造性地发展运用，坚定不移走自己的路。中国特色社会主义是党和人民历经千辛万苦、付出巨大代价所取得的根本成就，是实现中华民族伟大复兴的正确道路。当代国际共产主义运动遭受挫折的教训，特别是苏东剧变的教训证明，马克思主义这个武器是丢不得的；丢了这个武器，共产党就失去了精神支柱，社会主义就改变了方向，人民的团结就失去了共同的思想基础，社会就会陷入混乱和动荡，甚至国家都会四分五裂。

　　党员干部有了坚定理想信念，才能经得住各种考验，走得稳、走得远；没有理想信念，或者理想信念不坚定，就经不起风吹浪打，关键时刻就会私心杂念丛生，甚至临阵脱逃。中国共产党之所以能够完成近代以来各种政治力量不可能完成的艰巨任务，就在于始终把马克思主义这一科学理论作为自己的行动指南，并坚持在实践中不断丰富和发展马克思主义，无论是处于顺境还是逆境，我们党从未动摇对马克思主义的信仰、共产主义的理想和中国特色社会主义的信念。

　　理论上清醒，政治上才能坚定。理想信念是基于理论上的清醒和政治上的坚定而达到的笃定信仰和坚定信念。理想信念不是与生俱来的，也不是一成不变的，而是有一个在生命实践和价值追问中不断生成和内化自觉的过程。广大党员干部尤其是年轻干部要牢记，坚定理想信念是终身课题，需要常修常炼，要信一辈子、守一辈子。

二、坚持原则，在大是大非问题上立场坚定

政治问题，任何时候都是原则性、根本性的大问题。旗帜鲜明讲政治是马克思主义政党的根本要求。各级党政领导干部牢记"国之大者"，核心要点是要始终坚定正确的政治方向，在重大原则和大是大非问题上决不能有任何含糊和动摇。所谓大是大非问题，即事关党和国家前途命运的根本性、原则性、长远性的是非对错的问题，涉及政党和国家的基本方向、基本立场、基本利益、基本道路等的根本性问题。面向新时代、奋进新征程，何为大是大非的原则性问题？总的来说，就是坚持中国共产党的领导，维护最广大人民的根本利益，坚持中国特色社会主义道路，实现中华民族伟大复兴。

始终坚持中国共产党的领导。中国共产党的领导是中国特色社会主义最本质的特征，是实现社会主义现代化和中华民族伟大复兴的最根本保证。回望来时路，我们能取得世所罕见的经济快速发展和社会长期稳定等举世瞩目的成就，根本原因在于我们党的坚强领导，在于我们党能团结带领人民汇聚起创造历史、改变世界的磅礴力量。远眺前行路，在实现中华民族伟大复兴的道路上，我们还有许多重大挑战需要应对，许多重大风险需要抵御，许多重大阻力需要克服，许多重大矛盾需要化解，许多重大问题需要解决。要夺取新时代中国特色社会主义的伟大胜利，从根本上讲还要靠党这个"主心骨""定海神针"。只有坚持和加强党的全面领导，才能凝聚起实现民族复兴的磅礴伟力，才能万众一心朝着宏伟目标前进。各级党政领导干部要做到对"国之大者"心中有数，始终坚持中国共产党的领导、承认中国共产党的执政地位、落实党中央的决策部署。

那些无视党中央权威，在大是大非原则问题上态度暧昧，对党中央大政方针说三道四、胡言乱语，对党中央决策部署大打折扣、作选择、搞变通的现象，严重削弱了党的集中统一领导，损害了党的形象。

始终坚守最广大人民的根本利益。百年奋斗征程路，中国共产党始终将"人民"二字铭记于心，将人民的利益高于一切鲜明地写在自己的旗帜上。革命战争年代，党领导人民打土豪、分田地，开展抗日战争，建立新中国是为了人民的利益；社会主义建设时期，党领导人民开展社会主义革命和建设、改变一穷二白的国家面貌是为了人民的利益；改革开放时期，党领导人民实行改革开放、推进中国特色社会主义建设是为了人民的利益；党的十八大以来，以习近平同志为核心的党中央团结带领全国人民打赢脱贫攻坚战、全面建成小康社会、奋力推进全面深化改革等都是为了人民的利益。正是因为中国共产党始终心系人民，除了人民的利益不谋取任何私利，我们才取得了举世瞩目的伟大成就。各级党政领导干部要始终心中装着人民，将人民的利益放在最高位置，始终同人民群众同呼吸、共命运、心连心，切实解决好人民群众最关心、最急切的利益问题，真正做到权为民所用、情为民所系、利为民所谋。忘记了人民，脱离了人民，我们党就会成为无源之水、无本之木，就会一事无成。

始终坚持中国特色社会主义道路。中国特色社会主义道路是我们党坚持马克思主义普遍原理同中国具体实践相结合的伟大创举。中国特色社会主义道路引领中国取得的辉煌成就表明，中国特色社会主义道路是一条既符合中国基本国情、符合人民意愿，又适应时代发展需要的唯一正确之路。习近平总书记指出："中国特色社会主义道路，是实现我国社会主义现代化的必由之路，是创造人民美好

生活的必由之路。"只有中国特色社会主义道路才能引领我们实现国家富强、民族振兴、人民幸福的中华民族伟大复兴的中国梦。各级党政领导干部要始终坚定道路自信,保持头脑清醒,保持强大前进定力,既不走封闭僵化的老路,也不走改旗易帜的邪路,不为任何风险所惧,不为任何干扰所惑,毫不动摇沿着这条通往复兴梦想的人间正道奋勇前进。那些所谓中国搞的是"资本社会主义""国家资本主义""新官僚资本主义"的论调都是错误的,有的是要把我们拉回老路,有的是要把我们引向邪路,本质上都是要否定中国特色社会主义、动摇我们根基的别有用心。

始终坚守实现中华民族伟大复兴的中国梦。习近平总书记在庆祝中国共产党成立 100 周年大会上的讲话中指出,一百年来,中国共产党团结带领人民进行的一切奋斗、一切牺牲、一切创造,归结起来就是一个主题:实现中华民族伟大复兴。为了实现这个梦想,无数仁人志士不惜抛头颅、洒热血,几代人上下求索,进行了艰苦卓绝的斗争。在新的历史起点上,我国正处于实现中华民族伟大复兴的关键时期。当前,我国社会生产力水平总体上显著提高,国家经济实力、科技实力、国防实力、综合国力、国际影响力显著提升。我们具备过去难以想象的良好发展条件,但也面临着各种可以预见和难以预见的困难及问题,形势环境变化之快前所未有、改革发展稳定任务之重前所未有、矛盾风险挑战之多前所未有,这些都给我们党治国理政带来了巨大考验。各级党政领导干部要做到对"国之大者"心中有数,始终心系中华民族伟大复兴的梦想,锚定党中央擘画的宏伟蓝图,发扬斗争精神,咬定青山不放松,脚踏实地加油干,奋发有为做好各项工作。

大是大非问题是事关我们举什么旗、走什么路、坚持什么基本路线，事关我们党和国家生死存亡和前途命运的根本性、原则性问题，在这个问题上，决不能有任何迷糊和动摇。各级党政领导干部要增强政治意识，不断提高政治判断力、政治领悟力、政治执行力，始终坚守凡是有利于坚持党的领导和中国特色社会主义发展的就坚定不移地做，凡是不利于坚持党的领导和中国特色社会主义发展的就坚决不做，不搞态度暧昧，始终做政治上的明白人、老实人。

三、坚持实事求是、一切从实际出发，观大势、谋全局、抓大事

习近平总书记指出："要胸怀中华民族伟大复兴战略全局和世界百年未有之大变局，牢牢把握'国之大者'，锚定党中央擘画的宏伟蓝图，观大势、谋全局、抓大事，坚持底线思维，保持战略定力，勇于担当作为，增强斗争精神，认真做好各项工作。""国之大者"的"大"不仅是指国域之大、人口规模之大，更重要的在于"计利当计天下利"的大胸襟，"登泰山而小天下"的大气度。各级党政领导干部要对大局了然于胸、对大势洞幽烛微、对大事铁画银钩，因势而谋、应势而动、顺势而为。

所谓观大势，就是要立足当前，放眼长远。事物普遍联系和永恒发展的观点，要求我们要用发展的眼光、从长远的角度认识问题和分析问题。立足当前，放眼长远，我们才能把握事物在一定时间内的发展趋势。只有把握住这种发展趋势，我们才能顺势而为，实现长久的发展进步。西方国家的一些执政党也曾力图谋划国家的长久发展，但囿于利益博弈、政党轮替等困境，他们往往只考虑眼前一两年，最多不超过五年，只顾眼前利益而不顾长久利益，这也是

"西方之乱"的一个重要因素。中国共产党则善于从历史、现实、未来贯通中把握历史规律和发展趋势。习近平总书记联系中华民族5000多年的文明史来思考中华民族的历史命运，联系世界社会主义500多年的发展史来认识社会主义的前进方向，联系中国近代180多年的奋斗史来理解中华民族伟大复兴的道路，联系中国共产党革命、建设、改革的百年历史来思考新的历史方位和历史命运问题，这也是我们能实现"中国之治"的一个重要因素。各级党政领导干部要观大势，就是要增强工作的预见性，培养战略思维能力，立足当前、放眼长远，避免保守和僵化。

所谓谋全局，就是要立足全局，树立"全国一盘棋"的思路。整体和部分的辩证关系原理要求我们要深入事物发展的整体和全局，用整体的发展推动部分的发展。登高才能望远，从整体上看清形势、从大局中把握问题，才能掌握战略制高点和主动权。中国共产党善于从全局出发来系统谋划党和国家的各项事业，习近平总书记多次强调，各级领导干部谋划工作的基本出发点是要胸怀"两个大局"，统筹推进"五位一体"总体布局，协调推进"四个全面"战略布局。正是靠着这种整体出发把全局、谋大势的思维方式，我们党在治国理政的许多方面既把握住了问题解决的"牛鼻子"，又占据了道义制高点。各级党政领导干部要谋全局，就是要树立大局意识，把自己所在的地区、领域、行业放到全国乃至世界范围内统筹考虑，不能只顾自身的利益和局部利益而不顾全国利益和全局利益。

所谓抓大事，就是要善抓重点，优先解决主要矛盾。辩证唯物主义认为，矛盾在事物发展的过程中服从不平衡性的规律，主要矛盾居于支配地位，起着主导性的作用。这就要求我们在分析问题和解决问题时，要能够分清主流和支流，善于发现和分析主要矛盾，做到两点论和重点论的统一。中国共产党就是善于抓大事、优先解决主要矛盾的政党。我们党在各个历史时期都有对社会主要矛盾的科学分析和准确把握,围绕社会主要矛盾,我们认识当下、规划未来、制定政策、推进事业。当前,我们党的一系列重大战略举措、方针政策,归根结底是要解决新时代人民日益增长的美好生活需要和不平衡不充分的发展之间的矛盾。各级党政领导干部要抓大事,就是要培养善抓重点的能力,将主要精力投入到重点问题的解决上,通过重点问题的突破带动整体的进步。

"不谋全局者,不足谋一域。"牢记"国之大者"才能站得高、看得远,才能把准方向、抓住要害、行稳致远。面向新时代、奋进新征程,我们已然踏上了实现第二个百年奋斗目标新的赶考之路。面对更加艰巨繁重的历史任务,面对愈加复杂的风险考验,广大党政领导干部要始终胸怀"两个大局",心怀"国之大者",为实现中华民族伟大复兴贡献力量。

四、发扬斗争精神,做敢于斗争、善于斗争的战士

斗争是不可避免的,是客观存在的,我们就应该自觉投身于伟大斗争之中,顺应历史发展的趋势,顺应人民群众对美好生活更高的期待,正确把握斗争的方向,为建设伟大工程、推进伟大事业、实现伟大梦想贡献力量。正如习近平总书记在党的十九大报告中所指出的:"实现伟大梦想,必须进行伟大斗争。社会是在矛盾运动中前进的,有矛盾就会有斗争。我们党要团结带领人民有效应对重大挑战,抵御重大风险,克服重大阻力,解决重大矛盾,必须进行具有许多新的历史特点的伟大斗争,任何贪图享受、消极懈怠、回避

矛盾的思想和行为都是错误的。"

坚持和完善党的领导，必须敢于斗争、善于斗争。习近平总书记在庆祝中国共产党成立 95 周年大会上的讲话中指出："中国特色社会主义最本质的特征是中国共产党领导，中国特色社会主义制度的最大优势是中国共产党领导。坚持和完善党的领导，是党和国家的根本所在、命脉所在，是全国各族人民的利益所在、幸福所在。"一方面，中国革命、建设、改革所取得的成就和奇迹，都是和党的领导分不开的。没有党的领导，民族复兴必然是空想。中国幅员辽阔，虽然党这个核心领导力的作用至关重要，但一直以来始终伴随着是否应该坚持党的领导的争论，比如资产阶级自由化的言论。对此，习近平总书记深刻指出，其意在"煽动推翻中国共产党的领导和我国社会主义制度"。因此，切实推进伟大斗争必须坚持和加强党的全面领导，同一切削弱、歪曲、否定党的领导的言行作坚决的斗争。另一方面，坚持党的领导就必然要完善党的领导，而要完善党的领导就必然要全面从严治党，就要以刀刃向内的勇气向党内存在的各种顽瘴痼疾开刀，就是自我革命。自我革命本身就体现着我们党敢于直面矛盾、不回避问题、敢于斗争的态度，这也是我们党的伟大之处。因此，切实推进伟大斗争必须完善党的领导，同一切精神懈怠、脱离群众、消极腐败等行为作斗争。

坚持和完善社会主义制度，必须敢于斗争、善于斗争。中国特色社会主义是党和人民取得的根本成就，是我们始终高举的一面伟大旗帜。改革开放以来我国所取得的伟大成就充分证明，中国特色社会主义道路是正确的，是实现现代化的必由之路。中国特色社会主义进入新时代，意味着我们"迎来了中华民族伟大复兴的光明前景"，意味着"科学社会主义在 21 世纪的中国焕发出强大生机活力"，意味着我们"拓展了发展中国家走向现代化的途径，给世界上那些既希望加快发展又希望保持自身独立性的国家和民族提供了全新选择，为解决人类问题贡献了中国智慧和中国方案"。因此，我们必须增强"四个自信"，同一切歪曲、否定中国特色社会主义制度的言行作斗争，既不走封闭僵化的老路，也不走改旗易帜的邪路，始终坚持和发展中国特色社会主义。只有这样，我们才能在大是大非问题上坚定不移、敢于碰硬，才能在维护国家核心利益上敢于针锋相对，不在困难面前低头，不在挑战面前退缩，不拿原则作交易。正如习近平总书记所指出的："凡是危害中国共产党领导和我国社会主义制度的各种风险挑战，凡是危害我国主权、安全、发展利益的各种风险挑战，凡是危害我国核心利益和重大原则的各种风险挑战，凡是危害我国人民根本利益的各种风险挑战，凡是危害我国实现'两个一百年'奋斗目标、实现中华民族伟大复兴的各种风险挑战，只要来了我们就必须进行坚决斗争，而且必须取得斗争胜利。"中国特色社会主义这项根本成就来之不易，"我们决不能停下脚步，决不能有松口气、歇歇脚的想法"。

完成改革发展稳定艰巨繁重任务，必须敢于斗争、善于斗争。习近平总书记指出："改革发展稳定任务之重、矛盾风险挑战之多、治国理政考验之大都是前所未有的。"随着中国特色社会主义进入新时代，完成改革发展稳定任务面临着前所未有的深刻性和复杂性，这就决定了我们必须进行伟大斗争，要更加自觉地投身改革创新时代潮流，坚决破除一切顽瘴痼疾。勇于变革、勇于创新，永不僵化、永不停滞。一方面，随着改革已经进入深水区和攻坚期，将不可避免触及深层次社会关系和利益矛盾，要敢于啃硬骨头，敢于涉险滩，不但要勇于冲破思想观念的障碍，而且要勇于突破利益固化的藩篱，

敢于向积存多年的顽疾开刀，做到改革不停顿、开放不止步。另一方面，中国特色社会主义进入新时代，我国经济发展进入新阶段，发展的不平衡不充分问题更加突出了。伟大斗争表现为速度上的高速增长与中高速增长之间的斗争；发展理念上的创新、协调、绿色、开放、共享与简单粗放之间的斗争；发展方式上的规模速度型与质量效率型的斗争；结构调整上的增量扩能为主与调整存量、做优增量并举的斗争；发展动力上的依靠资源和低成本劳动力等要素与依靠创新驱动之间的斗争；等等。国家安全是安邦定国的重要基石，维护国家安全是全国各族人民根本利益所在。因此，要更加自觉地维护我国主权、安全、发展利益，坚决反对一切分裂祖国、破坏民族团结和社会和谐稳定的行为。

应对一系列现实的重大风险考验，必须敢于斗争、善于斗争。现代社会是一个风险社会，习近平总书记专门指出，我国在政治、意识形态、经济、科技、社会、外部环境、党的建设等各个领域中存在一系列重大风险，他强调，防范化解重大风险，需要有充沛顽强的斗争精神。一方面，当下中国社会各种风险源和风险点相互交织、相互作用，各种社会风险有演变成一个风险综合体的可能。这就要求我们坚持伟大斗争，不让小风险演化为大风险，不让个别风险演化为综合风险，不让局部风险演化为系统性风险。另一方面，改革开放以来，由于我们处在一个相对和平的时期，所以很多人的风险意识淡薄，在一般人的理念中各种风险离我们很远。这就要求我们树立忧患意识，时刻保持高度的风险警觉。未来征途上，我们还会遇到难以想象的种种磨难，我们必须积极主动，防微杜渐，下好先手棋，打好主动仗，做好应对各种形式的风险的准备。

中华民族伟大复兴绝不是轻轻松松、敲锣打鼓就能实现的。我们现在所处的，是一个船到中流浪更急、人到半山路更陡的时候，是一个愈进愈难、愈进愈险而又不进则退、非进不可的时候。前进道路上，必须发扬斗争精神，既要敢于斗争，又要善于斗争，在斗争中应对和处理一切磨难和挑战，在斗争中坚持中国特色社会主义，就一定能够实现中华民族伟大复兴的中国梦！

五、坚持知行合一，主动担当作为

实践的观点、生活的观点是马克思主义认识论的基本观点，实践性是马克思主义理论区别于其他理论的显著特征。各级领导干部要坚持知行合一的实践论，善于把远大目标、奋斗纲领同脚踏实地、埋头苦干紧密结合起来，才能够担负起伟大的历史使命。

知行合一来自坚定的理想信念，对"国之大者"心中有数，多打大算盘、少打小算盘。对马克思主义的信仰，对社会主义和共产主义的信念，是共产党人的政治灵魂，是共产党人经受住任何考验的精神支柱。有了坚定的理想信念，站位就高了，眼界就宽了，心胸就开阔了，就能在胜利和顺境时不骄傲不急躁，在困难和逆境时不消沉不动摇。衡量一名党员干部是否具有坚定的理想信念，关键在于看他是否有坚强的政治定力、牢固的宗旨意识、极端负责的工作态度，能否吃苦在前、享乐在后，能否舍小利、取大利。一些党员干部只顾一域小利，甚至一己私利，而将国家大利视而不见，说到底还是理想信念淡薄，缺少对马克思主义的信仰、对共产主义的信念、对中国特色社会主义的信心。各级党政领导干部要首先解决好世界观、人生观、价值观这个"总开关"问题，真正胸怀远大理想信念。理想信念不是说说而已，见诸行动才有说服力。各级领导

干部既要胸怀远大理想，又要脚踏实地，用自己的实际行动为实现中华民族伟大复兴不懈奋斗。

知行合一体现为责任担当，要不折不扣抓好党中央决策部署和政策措施落实。习近平总书记强调，一分部署，九分落实。各地区各部门各方面对"国之大者"要心中有数，强化责任担当，不折不扣抓好中共中央决策部署和政策措施落实。责任担当是党员干部的境界格局和家国情怀的体现，心中有责，才会一心只想着国家和人民，才会不计较个人利益得失，才会不介意职责内外，才会不惧怕艰难险阻，想方设法攻坚克难。一些党员干部只打自己"精明的"小算盘，将精力只放在自己所在的地区、领域、行业，甚至是个人私利，而将国之大局、国之大要、国之大事、国之大计高高挂起，这本质上是缺少责任担当、心中无责的表现。各级党政领导干部要知责履责。知责履责的重点在于落实，没有落实，再美的蓝图也只是画饼充饥，再美的梦想也只是黄粱一梦。增强"四个意识"、坚定"四个自信"、做到"两个维护"、牢记"国之大者"不能仅停留于口头上，止步于思想环节，关键是要落实，把党中央的各项方针政策具体落实到现实工作中。各级领导干部要心中有大国，牢记肩上责，要发扬钉钉子精神，坚持一张蓝图绘到底，持之以恒抓好落实工作，坚决反对形式主义和官僚主义，确保党中央的各项决策部署能够落地生根、开花结果。

知行合一彰显为"我将无我，不负人民"的修养，要坚持"功成不必在我"的思想境界，追求"功成必定有我"的历史担当。各级领导干部要把认识马克思主义价值追求的道义力量和揭示客观规律的真理力量，在实现造福人类的伟大实践中释放出来，在真学真信中坚定理想信念，在学思践悟中牢记初心使命，在细照笃行中不断修炼自我，在知行合一中主动担当作为。坚持知行合一、真抓实干，做实干家，要在不断改造主观世界的过程中改造客观世界，通过不断自我革命推动社会革命。

当前，我们正处于近代以来最好的发展时期，从来没有像今天这样接近民族复兴的伟大梦想。当今世界正经历百年未有之大变局，但时与势在我们一边，这是我们的定力和底气所在，也是我们的决心和信心所在。各级领导干部要坚持马克思主义的立场观点方法，辩证分析和科学把握我国发展面临的机遇与挑战，不断提高政治能力，不断提高政治判断力、政治领悟力、政治执行力，在行动上同频共振，引领全国各族人民凝聚成实现中华民族伟大复兴的磅礴伟力。面向新时代、奋进新征程，我们只有始终牢记"国之大者"，坚定正确的政治方向，把握大势，敢于担当，善于作为，才能推进党和国家的各项事业不断前进，才能书写新时代中国特色社会主义的华丽篇章！

第一章

加强党性修养

经典语录

　　为政之道，修身为本。干部的党性修养、道德水平，不会随着党龄工龄的增长而自然提高，也不会随着职务的升迁而自然提高，必须强化自我修炼、自我约束、自我改造。新时代中国特色社会主义思想，不仅包含着党治国理政的重要思想，也贯穿着中国共产党人的政治品格、价值追求、精神境界、作风操守的要求。要涵养政治定力，炼就政治慧眼，恪守政治规矩，自觉做政治上的明白人、老实人。

　　——2019年3月1日，习近平在2019年秋季学期中央党校（国家行政学院）中青年干部培训班开班式上的讲话要点

2014 年 10 月 31 日，习近平在全军政治工作会议上指出："坚持党性原则是共产党人的根本政治品格，是政治工作的根本要求。政治工作必须坚持党的原则第一、党的事业第一、人民利益第一，在党言党、在党忧党、在党为党，把爱党、忧党、兴党、护党落实到工作各个环节。"① 党性是党的理想信念、根本宗旨等固有本性在党员身上的体现，"是党员干部立身、立业、立言、立德的基石"。加强党性修养是每个中国共产党员必须面对、解决好的重要课题。但党性修养并不会随着党龄的增长、职务的提升而自然提高，必须在严格的党内生活锻炼中不断增强。面向新时代、奋进新征程，我们正处于近代以来最好的发展时期。但我们也要清醒地认识到，当前党内存在的思想不纯、政治不纯、组织不纯、作风不纯等突出问题尚未得到根本解决，各种弱化党的先进性、损害党的纯洁性的因素仍然存在，各种违背初心和使命、动摇党的根基的危险仍然存在。广大党员干部只有自觉加强党性修养和党性锻炼，坚定理想信念，坚守对党忠诚，才能永葆共产党人的政治本色，有所作为。

一、理想信念是中国共产党人的精神支柱和政治灵魂

"千磨万击还坚劲，任尔东西南北风"，这是郑板桥在《竹石》中对竹子品格的描述。恰如站定在青山之上，扎根于岩石之中，无论经历多少风吹雨打，依然能坚劲挺直的竹子一般，一些人能"虽

---

① 《习近平谈治国理政》（第 2 卷），外文出版社 2017 年版，第 403 页。

九死而犹未悔", 一些人能"历百折而仍向东"。究其原因何在？恐怕只有坚定的理想和崇高的信念才能说明个中缘由。信念之于人，恰如青山、岩石之于竹，恰如滔滔江海中的指路明灯，恰如巍巍大厦的栋梁，恰如熊熊烈火的引星。有了它，我们才能向着目标执着前行，不为困难所扰、不为矛盾所惑、不为利益所诱；有了它，我们才能站稳价值立场，才能保持清醒认识，才能具备政治定力。

马克思主义从诞生之日起就始终致力于全人类的解放。与西方许多政党不同，马克思主义政党不是因利益结成的政党，而是以共同理想信念组织起来的政党。坚定理想信念，是事关马克思主义政党、社会主义国家的精神力量和前途命运的根本问题。坚定理想信念，是中国共产党人安身立命的根本，是中国共产党人的精神支柱和政治灵魂。习近平总书记多次强调信仰的味道、信仰的力量。何为信仰，何为理想信念？总的来说，就是坚定对马克思主义的信仰，坚定对中国特色社会主义的信念，坚定对实现中华民族伟大复兴的信心。

所谓坚定对马克思主义的信仰，就是要做马克思主义的坚定信仰者和忠实实践者。马克思主义是科学的真理，是我们认识问题、分析问题、解决问题的重要法宝，是我们党实现各项事业成功的强大思想武器和精神动力。一直以来，中国共产党人始终坚持用马克思主义科学真理来武装全党，不断推进马克思主义中国化、大众化、时代化，以指导革命和改革发展实践。有了科学理论武装头脑，有了强大思想支撑灵魂，我们才能一往无前、勇攀高峰。

所谓坚定对中国特色社会主义的信念，就是要坚持共产主义最高理想与中国特色社会主义共同理想的有机统一，既要树立共产主义远大理想，又要循序渐进地为中国特色社会主义事业贡献力量。

中国特色社会主义不是从天上掉下来的，是党和人民历尽千辛万苦、付出巨大代价取得的根本成就。历史和现实昭示我们，只有社会主义才能救中国，只有中国特色社会主义才能发展中国。

所谓坚定对实现中华民族伟大复兴的信心，是因为中国特色社会主义进入了新时代，党和国家各项事业发展取得了历史性成就、发生了历史性变革，中华民族迎来了实现伟大复兴的光明前景，虽然前方"中流浪更急""半山路更陡"，但我们也应看到实现中华民族伟大复兴中国梦的势不可挡的磅礴力量已经聚集，中华民族伟大复兴必将实现。

理想信念是共产党人精神上的"钙"，共产党人始终要有"革命理想高于天"的精神境界。我们党自成立以来，经历了很多次挫折和困境，面对困难，我们往往靠的就是坚定的理想信念、百折不挠的精神和一往无前的勇气，无数革命先烈怀揣着共产主义必然胜利的信念，抛头颅、洒热血，为革命事业的胜利奉献自己的全部。毛泽东一家为革命牺牲 6 位亲人，当毛岸英在朝鲜战场上牺牲的消息传来时，毛泽东在痛惜之余，说的第一句话是："谁叫他是毛泽东的儿子呢？"一句话，既表达了一位父亲的牵挂，更彰显了共产党人的坚定信念和无畏精神。贺龙元帅的贺氏宗亲中有名有姓的烈士就有 2050 人，他生前经常讲，满门忠烈都是为国家献身，那是革命事业的需要，不必常提我们自己。正是这样一种国而忘家、公而忘私、默默奉献的精神，推动中国革命取得成功。在无数为国牺牲的英烈中，方志敏可以说是杰出代表。他在战场被捕时，国民党士兵竟无法理解：这个国民党通缉的要犯、共产党的"高官"，身上竟然搜不出一个铜板！方志敏不幸被捕后，拒绝国民党达官显贵的拉拢利诱，面对游街示众依旧大义凛然，坚贞不屈。就像方志敏在《清贫》一

文中所写的："清贫，洁白朴素的生活，正是我们革命者能够战胜许多困难的地方！"

　　和平建设时期，千千万万共产党员在各自平凡的岗位上作出英雄壮举，支撑他们的同样是理想信念的力量。在那个缺少拖拉机、吊车等钻探和开采设备，物质条件极差的年代，"铁人"王进喜硬是带领几十名英雄的中国工人用绳子、撬杠把60吨的钻机一寸一寸地运到井场；没有水罐车，他们就用脸盆端，硬是端来了几十吨水开了钻。他常说："有条件要上，没有条件创造条件也要上"，"宁肯少活20年，拼命也要拿下大油田"。谷文昌大半生都在和树林打交道，在东山县任职时，他带领全县军民与恶劣的自然环境作斗争，经过艰苦努力，成功治理了风沙灾害，绿化了全县400多座山头、3万多亩沙滩，筑起了30多公里长的沿海"绿色长城"，从根本上改变了当地恶劣的自然环境和贫穷落后的面貌。可是，他却从没有向国家要过一根木材。他常说："县委书记的孩子不能特殊，还是留在东山锻炼好。"正是这样一种不计名利、不计报酬、埋头苦干的"老黄牛"精神，正是这样一种不带私心搞革命、一心一意为人民的理想信念，推动中国社会主义建设不断取得胜利。

　　反之，理想信念缺失又会如何呢？苏联解体、苏共垮台、东欧剧变就是活生生的例子。苏联共产党在拥有20万名党员时夺取了政权，在拥有200万名党员时打败了希特勒，在拥有2000万名党员时却走向了解体。面对事关党政存亡、前途生死的大动荡，竟无一人出来抗争。究其原因何在？理想信念早已丧失。无数历史经验表明：理想信念坚定，政党就会攻无不克、战无不胜；理想信念淡薄，政党就会不堪一击、一触即溃。人亦如此，理想信念不坚定或缺少理想信念，精神上就会缺"钙"，就会得"软骨病"，就不能在"大是大非"面前经受住考验，就不能经受住"糖衣炮弹"的诱惑。

理想因其远大而为理想，信念因其执着而为信念。有了坚定的理想信念，站位就高了，眼界就宽了，心胸就开阔了，就能在胜利和顺境时不骄傲不急躁，在困难和逆境时不消沉不动摇。当前，大多数党员干部都有坚定的理想信念，立场明确可靠。但是，也有一些人鼓吹"马克思主义过时论"，认为马克思主义理论落后于时代的发展，已经不能解释现实；有人鼓吹"马克思主义僵化论"，认为马克思主义是僵死的教条。在实际工作中，马克思主义在有些领域被边缘化、空泛化、标签化，出现"失语""失声"的现象。更有甚者，一些国内外敌对势力极力宣传西方价值观和意识形态，妄想让我们放弃对马克思主义的信念，放弃对社会主义、共产主义的信念。这些现象不仅在社会领域产生了不小的影响，甚至在党内也一定程度上存在，这必须引起我们的警醒。对此，2015 年 12 月 11 日，习近平总书记在全国党校工作会议上的讲话中强调："世界社会主义实践的曲折历程告诉我们，马克思主义政党一旦放弃马克思主义信仰、社会主义和共产主义信念，就会土崩瓦解。"① 理想信念动摇是最危险的动摇，理想信念滑坡是最危险的滑坡。党员干部中出现这样那样的问题，归根结底是信念不牢、理想丧失的问题。

如何衡量一名党员干部是否具有坚定的理想信念呢？关键在于看他是否有坚强的政治定力、牢固的宗旨意识、极端负责的工作态度，能否吃苦在前、享乐在后，能否舍小利、取大利。正所谓"志之所趋，无远勿届，穷山距海，不能限也。志之所向，无坚不入，锐兵精甲，不能御也"。

---

① 习近平：《在全国党校工作会议上的讲话（2015 年 12 月 11 日）》，人民出版社 2016 年版，第 7 页。

知识链接

志之所趋，无远勿届，穷山距海，不能限也。志之所向，无坚不入，锐兵精甲，不能御也。

上述格言出自《格言联璧》"学问"类，描述了一个人的远大志向，以及为理想不断求索的进取精神。意思说，一个人如果有远大的志向，他的志向所归，就没有不能到达的地方，即使是山海尽头，也不能限制；他的志向所指，就没有攻不破的壁垒，即使是精兵坚甲，也不能抵御。立志，是设立自己未来发展方向的志愿，即确定一个长远目标，制定达成目标的步骤，在此基础上努力进取，并不断调整理论与实践差距的过程。《格言联璧》"处事"类中还有"天下无不可为之事，只怕立志不坚"。有志者事竟成，只有树立远大志向，并为之不懈奋斗，才能登上成功的巅峰。

此"志"即为理想信念，理想信念坚定，便会不断奋斗、顽强拼搏，越是艰难困苦，越会愈挫愈勇。我们的党员干部，要时常扪心自问，究竟"志"在何方？在为官者的人生价值排序中，究竟是人民利益在前还是物质利益在前，究竟是敢于担当在前还是无所作为在前，究竟是"国之大者"在前还是名利地位在前？这是每个党员干部首先要面对、必须回答的问题。解决不了立"志"问题、回答不好"我是谁、为了谁、依靠谁"的问题，就容易导致政治上的变质、精神上的贪婪、道德上的堕落、生活上的腐化。正如习近平总书记所言，理想信念，就像石头的坚硬、丹砂的赤红，是共产党人根本的属性。党中央反复强调补好党员干部的精神之"钙"，正是要点亮党员干部心中的明灯，教育引导党员干部筑牢思想防线，坚持"革命理想高于天"，保持蓬勃朝气、昂扬锐气、浩然正气。

理想信念的坚定来源于理论上的坚定。习近平总书记指出："中国共产党人的理想信念，建立在马克思主义科学真理的基础之上，建立在马克思主义揭示的人类社会发展规律的基础之上，建立在为最广大人民谋利益的崇高价值的基础之上。"① 中国共产党作为一个马克思主义的执政党，必然应该高高举起马克思主义的旗帜，不断从马克思主义的科学理论中汲取智慧。我们党自成立以来，就是在把马克思主义作为我们认识世界、把握规律、追求真理、改造世界的强大思想武器。党的十八大以来，我们一如既往地坚持和运用马克思主义，一如既往地尊崇马克思主义，不断提高运用马克思主义分析和解决实际问题的能力，不断提高运用科学理论指导我们应对重大挑战、抵御重大风险、克服重大阻力、化解重大矛盾、解决重大问题的能力，始终把马克思主义哲学作为我们的看家本领。理论上清醒，政治上才能坚定。我们的党员干部要正确判断形势，在错综复杂的形势变化面前保持头脑清醒，坚定理想信念，科学分析我国发展面临的机遇和挑战，全面看待前进道路上的主流和支流、出现的矛盾和问题。

信仰，是人类社会最美好的字眼，是9500多万共产党员安身立命的根本。党的十八大以来，习近平总书记多次号召全体党员"坚守崇高信仰，炼就金刚不坏之身"，把坚定理想信念作为党的思想建设的首要任务，着力解决好世界观、人生观、价值观这个"总开关"问题。当然，理想信念不是说说而已，见诸行动才有说服力。各级

---

① 习近平：《在纪念红军长征胜利80周年大会上的讲话（2016年10月21日）》，人民出版社2016年版，第12页。

党员干部既要胸怀远大理想，又要脚踏实地，用自己的实际行动为实现中华民族伟大复兴不懈奋斗。

二、对党忠诚是中国共产党人首要的政治品质

"人之忠也，犹鱼之有渊。鱼失水则死，人失忠则凶。故良将守之，志立而名扬。"这是诸葛亮在《兵要》中总结出的"以法治军"所必须遵循的要领，也是习近平总书记在多次讲话中引用的重要典故。忠者，人之根基也，它丈量不出生命的长短，却能称出信念的轻重。忠诚，是做人的安身立命之本，更是共产党人必备的政治品格和精神底色。共产党员从跨进党组织门槛的那一天起，什么样的"行"最重要、最宝贵？答案可能有许多，但归根结底，就是两个字：忠诚。

何为忠诚？《现代汉语词典》里的解释为：忠，是崇敬、恪守的意思；诚，是言而有信、言行一致的意思。忠诚，作为中华民族的传统美德，是一种信仰和智慧，是做人的根本，也是做事的基础。一个人如果不忠诚老实，靠坑蒙拐骗过日子，肯定没有什么好结果。因此，在中国传统文化中，忠诚是伦理道德的核心，即"人无信而不立""受人之托，忠人之事"。

我们党选拔任用干部十分强调"德"的要求，坚持德才兼备、以德为先的用人标准，坚持五湖四海、任人唯贤，切实把政治坚定、实绩突出、作风过硬、群众公认的干部选拔上来。所谓德才中的德，是指道德素质，首要的是政治坚定，就是对党绝对忠诚，这种素质决定了世界观、人生观和价值观，在现实生活中通常表现为事业心、责任心、原则性、廉洁性、为人民服务的意识、团结合作的作风以

及勇于克服困难、完成工作任务的精神等。

忠诚作为党员干部的首要政治品质和政治品德，任何时候都不能含糊，不能动摇。每个共产党员都曾面向党旗进行过入党宣誓，对党作出了庄严承诺，这意味着要时时、事事、处处、终身、永远对党忠诚，永不叛党。这种宣誓和承诺需要共产党员一生一世践行，一生一世用马克思主义武装头脑，一生一世坚持思想的锤炼和世界观的改造。

长期以来，正是因为有一批批始终坚守着对党忠诚的中国共产党员，我们党才赢得了民心，带领全国各族人民取得了一个又一个伟大胜利，创造了一个又一个人间奇迹。无论是蔡和森"忠诚印寸心，浩然充两间"的坚毅，还是夏明翰"砍头不要紧，只要主义真"的无畏，无论是杨靖宇腹中满是草根而宁死不屈的气节，还是江姐十指被钉入竹签而永不叛党的坚贞，无数先烈用生命和鲜血诠释了对党的忠诚。

何为对党忠诚？总的来说，对党忠诚，是要与党中央同心同德，听党指挥、为党尽责，严守党的政治纪律和政治规矩，始终在政治立场、政治方向、政治原则、政治道路上同党中央保持高度一致。实际上，对党忠诚具有丰富而深刻的内涵。

对党忠诚就要忠诚于党的信仰。人生如屋，信仰是柱；柱折屋塌，柱坚屋固。忠诚源自信仰，只有信仰坚定了，对党忠诚才有牢靠的基础。信仰是一个人的灵魂，控制着人的思想和行为，是人的重要精神支柱，纯洁而坚定的信仰是共产党员精神家园之本，没有坚定的信仰，精神家园就会荒芜。为此，共产党员一定要纯洁和坚定自己的信仰，一定要把坚定理想信念作为安身立命的主心骨，作为修身立业的压舱石，坚守共产党人的精神高地，与党同心同德，

赤胆忠心，忠贞不渝，自觉践行入党誓词，坚定走中国特色社会主义道路的信心不动摇，自觉服务经济社会发展和民生改善，务实为政，造福于民。

对党忠诚就要忠诚于党的宗旨、忠诚于人民。我们党的根本宗旨是全心全意为人民服务，共产党人最大的爱就是爱人民，最大的追求就是实现人民幸福。县委书记的好榜样焦裕禄，"心中装着全体人民，唯独没有他自己"，以对人民的无限忠诚铸就了精神上的永恒；草鞋书记杨善洲，"捧着一颗心来，不带半根草去"，用自己的生命为大凉山百姓留下了一片绿洲；一心为民的好县长高德荣，把"不忘本、不忘根"作为人生信条，长期坚守在条件艰苦的独龙江畔，一心扑在群众脱贫致富上。共产党员特别是党员领导干部都应当像焦裕禄、杨善洲、高德荣那样，把人民放在心中最高位置，牢记自己是人民的公仆而不是主人，是人民的勤务员而不是"父母官"，以人民忧乐为忧乐，以人民甘苦为甘苦，切实解决好"为了谁、依靠谁、我是谁"的问题。感情体现立场，深入群众才能有深厚的感情。现在，我们有的党员干部忘记了自己的根在哪里、本在哪里，对群众有错误的认识，以为老百姓没文化、受教育程度低，不好对付，以致不愿意与老百姓更多地接触，甚至不敢到群众中去解决纠纷、处理问题。党员干部要牢固树立马克思主义群众观点，切实增进对群众的感情，切实放下身段，深入到最基层，近距离接触群众，同群众坐在一条板凳上，和他们谈心交心交朋友，认真听取他们的批评建议，千方百计为他们排忧解难办实事，以自己爱民助民的赤诚之心赢得群众的真实信任和拥护，用自己先进的思想和模范行动团结带领群众励精图治，同心同德，为实现党的伟大理想而奋斗。

对党忠诚就要有干事创业的激情。现在有一些党员干部思想疲沓，精神厌倦，暮气沉沉，懒政惰政，为官不为，对党所分配的工作爱干不干，对党组织的活动爱参加不参加，工作敷衍塞责、推诿扯皮，在位不在岗、在岗不尽责，无所用心，无所追求，满足于平平安安占位子、忙忙碌碌装样子、疲疲沓沓过日子，有的甚至贪图享受，沉湎于花天酒地，热衷于灯红酒绿，纵情于声色犬马。共产党员对党和人民事业的坚守，不是一种平庸的坚守，不是一种煎熬的坚守，而是要在工作中迸发激情，以强烈的事业心和高度的责任心，以时不待我、奋勇争先的紧迫感和使命感，以高昂的斗志、理性的思维、饱满的精神、务实的态度，切实改进工作作风，积极投身到各项事业发展中去。要拿出超乎寻常的劲头和动力，用闯的精神、抢的劲头、争的意识、拼的勇气，立发展之志，谋发展之策，鼓发展之劲，求发展之效，在平凡岗位上创造出不平凡的业绩。

面向新时代，奋进新征程，党员干部如何践行对党忠诚？

践行对党忠诚，要坚定正确的政治方向。方向是灯塔，照亮人们前进的航程；方向是航标，指引人们前进的方向。政治方向正确与否，是关系到党和国家兴衰成败的头等大事。当代中国共产党人的政治方向就是坚定不移地建设中国特色社会主义，为实现共产主义奋斗终身。一个共产党员的政治方向是否明确，集中表现在奋斗目标是否明确，为实现目标而奋斗的信念是否坚定。如果淡忘了党的奋斗目标，在政治方向上迷茫、动摇，就不是一个忠诚的革命者。在我们党领导的革命和建设事业中之所以要强调坚持正确的政治方向，是因为只有牢记社会主义、共产主义方向，对共产主义理想和中国特色社会主义信念一往情深、忠贞不渝，才能经受住各种各样的考验，卓有成效地完成党和人民赋予的历史使命。

践行对党忠诚，要站稳正确的政治立场。立场，是人们看问题的立足点。政治立场，就是人们观察、分析和处理各种政治问题的根本立足点。共产党员的政治立场就是要坚定不移地维护党的利益、人民的利益和国家的利益，始终站稳党和人民的立场。坚持执政为民、用权为民，把人民拥护不拥护、人民赞成不赞成、人民高兴不高兴、人民答应不答应作为辨别和衡量是非的根本出发点和立场，全心全意为人民服务，始终保持人民公仆本色。政治的根本在人民，政治的血脉在人民。共产党员除了人民群众的立场，党性和党的政策的立场，没有也不应该有别的什么立场。

践行对党忠诚，要树立鲜明的政治观点。树立鲜明正确的政治观点，是党的事业胜利的基本条件，也是共产党员必备的政治素质。《共产党宣言》指出："共产党人不屑于隐瞒自己的观点和意图。"① 中国共产党从诞生那天起，就把共产主义写在自己的旗帜上，并且在每一历史时期都提出了自己的一整套的理论、路线、方针和政策，形成了统一全党、凝聚全国人民团结奋斗的鲜明的政治观点。实践证明，这些观点是观察和解决社会主义现代化建设进程中国内外各种矛盾问题的伟大工具。掌握了这些正确观点，就能坚定对社会主义、共产主义必然胜利的理想和信念；就能在改革开放、发展社会主义市场经济的条件下，树立起正确的人生观和价值观，自觉抵制拜金主义、享乐主义和极端个人主义的影响；也才能在纷繁复杂、瞬息万变的事物面前，坚持科学的世界观和方法论，克服主观性、片面性、表面性，客观地、全面地和本质地分析问题和解决问题。

践行对党忠诚，要严守党的政治纪律和政治规矩。党的政治纪

---

① 《马克思恩格斯文集》（第 1 卷），人民出版社 2012 年版，第 435 页。

律和政治规矩，是各级党组织和全体党员在政治方向、政治立场、政治言论、政治行为方面必须遵守的纪律和规矩。在党的全部纪律规矩中，政治纪律、政治规矩是最重要、最根本、最关键的。党的政治纪律、政治规矩，对党的事业关系极大。习近平总书记反复强调："严明党的纪律，首要的就是严明政治纪律。"① 从我们党的历史来看，党的团结统一，党的坚强领导，党的强大的凝聚力、战斗力，都离不开严格的政治纪律和政治规矩。遵守政治纪律和政治规矩，是对坚持正确的政治方向、政治立场、政治观点的实际检验。共产党员要严格执行党章党规和国家法律法规，党员干部特别是领导干部更要恪守"五个必须"的政治要求，牢固树立政治纪律和政治规矩意识，在守纪律、讲规矩上作表率。

知识链接 ✎

心中装着人民的焦裕禄

焦裕禄在兰考县当县委书记时，兰考正遭受严重的内涝、风沙、盐碱"三害"威胁。他同全县干部和群众一起，进行了小面积翻淤压沙、翻淤压碱、封闭沙丘试验，并在此基础上，总结出整治"三害"的具体策略，探索出了大规模栽种泡桐的办法。在此期间，焦裕禄身患肝癌，依旧忍受剧痛坚持工作，通过艰苦卓绝的努力，使得兰考的除"三害"工作取得明显成效。今天，泡桐树已从防沙树变成了群众的摇钱树。焦裕禄在兰考时间虽短，但是留下的"亲民爱民、艰苦奋斗、科学求实、迎难而上、无私奉献"的焦裕禄精神，具有永恒的价值。

---

① 《习近平谈治国理政》（第 1 卷），外文出版社 2018 年版，第 386 页。

习近平多次讲述焦裕禄的故事，还专门为焦裕禄作过一首《念奴娇·追思焦裕禄》的词，其中"百姓谁不爱好官？把泪焦桐成雨"，寄托着习近平对焦裕禄的敬意和缅怀。

践行对党忠诚，要提高政治鉴别力。政治鉴别力，是指对已经出现的政治现象进行甄别、判断，透过现象看本质的能力，就是分辨正误、是非、美丑的能力。共产党员有没有政治鉴别力，是衡量政治上是否清醒和坚定的重要标志。现实生活中，一些大是大非问题并不是一眼就可以辨别出来的，要作出正确的判断也不是容易的事情。特别是在一些重大原则问题上要划出是非界限并不是那么容易，因为真理和谬论往往"结伴而行"，二者既有确定的界限，又是可以互相转化的。因此，就特别需要共产党员努力提高政治鉴别力，善于在重大政治原则问题上明辨是非，划清界限。只有这样，才能在错综复杂的客观环境中，坚定政治立场，坚持正确方向，明确政治观点，遵守政治纪律，始终保持清醒头脑。

践行对党忠诚，要增强政治敏锐性。敏锐，指的是迅速而敏捷、细致而深入。政治敏锐性，是指能透过各种复杂现象深入洞察事物的政治本质及发展趋向并及时作出反应的能力。这种能力，是目光锐利、嗅觉灵敏、明察秋毫，能迅速地从纷繁的社会现象中发现政治现象、政治原因或政治意义及其事物本质的洞察能力；是见微知著、审时度势，能及时作出反应和决断，把握各种政治现象和矛盾的现实状态及其发展趋势的预见能力；是站得高、看得远，高瞻远瞩、深思远虑，善于用新视角审视新事物、用新观点回答新问题、用新理论指导新实践、用新经验丰富新理论的战略意识和谋略水平。这是一种特殊的认识能力，也是一个很高的要求，真正做到不容易。

共产党员要使自己政治上合格，就要坚持不懈地朝着这个方向努力，不断增强政治敏锐性，善于从政治上看问题，始终忠诚于党，始终牢记政治责任。

"天下至德，莫大于忠。"对党忠诚并非口头讲讲、会上说说，而应该表里如一、知行合一、始终如一。我们不仅要有朴素的情感，更要有理性的自觉和坚定的信念，不为困难所屈服，不为风雨所动摇，始终做到"千磨万击还坚劲，任尔东西南北风"。

三、理想信念坚定和对党忠诚是紧密联系的

习近平总书记在 2021 年秋季学期中央党校（国家行政学院）中青年干部培训班开班式上的讲话中指出："理想信念坚定和对党忠诚是紧密联系的。理想信念坚定才能对党忠诚，对党忠诚是对理想信念坚定的最好诠释。"① 理想信念本质上是坚守对马克思主义的信仰、对共产主义的信念、对中国特色社会主义的信心，是导向、灵魂，是政党攻坚克难的重要法宝，是共产党人信仰的星空。只有常常"仰望星空"，才能少顾"眼前利益"，才能在任何情况、任何压力、任何考验、任何诱惑下，做到理想、信念、立场坚定，毫不动摇。忠诚于党，就是要忠诚于党组织、党的理论路线和方针政策，归根到底是要忠诚于马克思主义的信仰、共产主义的信念、中国特色社会主义的信心。只有始终坚持为党尽忠、为国效力，才能头脑清醒、旗帜鲜明，全身心投入党的事业，坚定为实现共产主义崇高理想而不懈奋斗。

---

① 《信念坚定对党忠诚实事求是担当作为 努力成为可堪大用能担重任的栋梁之才》，《人民日报》2021 年 9 月 2 日。

全部人类活动分为两类：一类是认识世界，另一类是改造世界。认识世界不是目的，认识世界的目的在于改造世界。正确认识世界有两个问题：第一，要搞清楚这个世界是什么，这是一个事实判断的问题，必须服从唯物论原则，跟我们的主观愿望、个人情绪以及爱好没有任何关系；第二，要搞清楚想把世界改造成什么样子和往哪个方向进行改造，这是一个价值判断的问题，关乎主观标准和内在尺度。事实判断对应的是实然世界，也就是现实。价值判断对应的是应然世界，也就是理想。理想和现实不可能完全割裂，必须靠一个桥梁、一个中介连接起来，就是人的实践活动。正是我们立足于现实，通过实践活动，对现实进行否定，最后实现理想，使理想变成了现实。而后我们以新的现实为前提，孕育新理想，再通过新的实践，再把新理想变成现实。这是一个不断前进和发展的过程，全部人类活动都是如此。一个国家和一个政党也是一样。因此，我们要完成自己的政治使命，就得解决好这两个问题——认识问题和实践问题。

要建设中国特色社会主义伟大事业，共产党员首先要深刻认识党对历史和现实实然世界进行判断的总依据。这个总依据就是党的十九大报告所说的社会主要矛盾转化背后的"两个没有变"。这是我们共产党员认识世界、认识国情的总依据，这是我们党所有路线、方针、政策、战略的出发点，是我们共产党员认识世界、认识国情的总依据，也是党员改造世界、进行实践的立足点，我们既不能超越这个阶段，也不能落后于这个时代。我们党所追求的应然世界就是要实现社会主义现代化和中华民族伟大复兴。在这个伟大的历史进程中，共产党员要积极实践，大力作为，使我们党的总路线、总战略、总布局一步一步变成现实。如果我们党员的实践活动都能服从和体现这个规律，那么这就是忠诚。

 **知识链接**

社会主要矛盾转化背后的"两个没有变"

"两个没有变"是指：尽管中国特色社会主义进入了新时代，但是我国仍处于并将长期处于社会主义初级阶段的基本国情没有变，我国是世界最大发展中国家的国际地位没有变。这是我国的基本国情，也是最大的实际。

党的十九大报告中强调"两个没有变"，具有很强的警醒意义，有助于我们更好地认清当下中国所处的历史方位，可以防止对中国经济社会发展所取得的伟大成果沾沾自喜、过于乐观的错误倾向，防止在重大问题上发生方向性错误，贻误中华民族复兴伟业的实现。

基于"两个没有变"的重大判断，我们必须牢牢把握社会主义初级阶段这个基本国情，牢牢立足社会主义初级阶段这个最大实际，既不超越阶段、又不落后现实；必须把发展作为解决我国一切问题的基础和关键，努力让中国特色社会主义展现出更加强大的生命力，为把我国建设成为富强民主文明和谐美丽的社会主义现代化强国而奋斗。

理性是相对于感性而言的，感性是指个人的情绪、爱好、欲望或一时冲动，理性则是经过人的反思、批判、论证而认为应该坚守的基本准则、价值和规律。工具理性就是经过检验、证明、论证的有效方法和手段。价值理性就是经过反思、判断、论证，认为应该

坚守的目的和意义。我们要实现价值理性的理想，我们的行动和认识过程，都要服从规律，所采取的手段、方法、措施、路径，也都要服从工具理性。所以价值理性属于应然世界，而工具理性处于实然与应然之间。我们说既要仰望星空，又要脚踏实地。仰望星空是要找到北斗星，不要迷失方向。方向错了，就会南辕北辙。脚踏实地就是要解决现实问题，不停留于空想。仰望星空是寻找价值理性，脚踏实地是找到工具理性，两者缺一不可。把价值理性推向极致，就是信仰。一个人秉持什么样的价值理性，他就是一个什么样的人。一个人如果把金钱作为核心价值来追求，他就会崇拜金钱而不知礼义廉耻。一个人如果把个人尊严作为核心价值来追求，他就会舍弃一切去维护个人尊严，士可杀不可辱。价值理性的重要性就是给我们指明方向，给人生提供意义和价值。

有价值理性的人生，首先就是明确人生的方向，确立自己的信仰。习近平总书记在庆祝中国共产党成立95周年大会上的讲话中说，我们要"不忘初心，继续前进"，"走得再远，走到再光辉的未来，也不能忘记走过的过去，不能忘记为什么出发"[①]。这是对共产党员价值理性的呼唤。忠诚，就是忠诚于信仰，凡是和信仰、和自己的核心价值理念相符合的东西就要坚守，凡是不符合的就要抛弃。一个人如果没有价值理性，没有信仰，那就是一个没有意义的人。

党章总纲主要解决心往一处想的问题，告诉党员：我们是谁，我们要干什么，我们要举什么旗，要走什么路，要坚守什么样的基本准则。这里包含了共产党员核心价值理性，即我们的信仰。党章条文就是解决劲往一处使的问题，告诉党员：我们是什么样的组织

---

① 习近平：《在庆祝中国共产党成立95周年大会上的讲话（2016年7月1日）》，人民出版社2016年版，第8页。

形式，每个党员有什么样的权利和义务，有什么样的纪律，违反了纪律会受到什么样的处理，以及对党徽、党旗的规定。怎样使9500多万党员心往一处想？党章总纲明确规定：中国共产党以马克思列宁主义、毛泽东思想、邓小平理论、"三个代表"重要思想、科学发展观、习近平新时代中国特色社会主义思想作为自己的行动指南。这就是指导思想，里边包含了我们党的核心价值追求和信仰。这个信仰就是马克思主义，这个核心价值追求就是全心全意为人民服务。所以对党忠诚、对组织忠诚、对党的事业忠诚、对人民忠诚，这是一个问题的不同方面，都是表达同一个含义。有了对党的信仰，就要求我们必须这样做，也应该这样做。

理想信念坚定，我们才能在大是大非面前旗帜鲜明。理想信念是党员干部对于自身及国家和民族未来发展所持有的坚定不移的态度，是党员干部的人生观、世界观和价值观的集中反映。党员干部理想信念坚定，才能有正确的政治方向、坚定的政治立场、鲜明的政治观点。当前，有的党员干部对建设中国特色社会主义心存疑虑、对社会主义前途丧失信心，有的党员干部在大是大非面前态度暧昧、含糊其辞，宁当"好好先生""开明绅士"，这些对党不忠、对民不义的行为归根结底是因为理想动摇，信仰滑坡、模糊、缺失，甚至倒退，丧失精神支柱和奋斗目标。

理想信念坚定，我们才能在风险考验面前无所畏惧。美国记者埃德加·斯诺对红军长征的历程进行采访时，曾经提出过这样的疑问：为什么红军能置生死于不顾，跟随红旗一路前行，成为顽强到令人难以置信的战士？其实答案并不复杂，就是因为我们共产党人有着为共产主义奋斗终身的远大理想，有着革命理想必定实现的坚定信念，有着为理想的实现而前赴后继、一往无前、勇于献身的崇

高精神。习近平总书记强调：如果理想信念不坚定，遇到一点风雨就动摇，那尽管平时表面上看着忠诚，但最终也是靠不住的。只有理想信念坚定，心中有党、对党忠诚才能有牢固的思想基础。理想信念动摇了，那是不可能心中有党的。当前，我们奋进在实现第二个百年奋斗目标的新的赶考之路上，我国发展面临难得的历史机遇，但也面临着一系列重大风险考验，改革发展稳定任务更加艰巨繁重，前进道路上的风险考验只会越来越复杂，甚至会遇到难以想象的惊涛骇浪。党员干部只有始终树立崇高的理想信念，才能始终保持蓬勃朝气、昂扬锐气和浩然正气，知责思为、履责能为、尽责善为，心无旁骛，恪尽职守。

理想信念坚定，我们才能在利益诱惑面前保持清醒。只有常常"仰望星空"，才能不专注于自己的"蝇头小利"。当今社会飞速发展，各种诱惑实在是太多，这对党员干部能力和作风方面的要求越来越高，党员干部肩上的担子越来越重，稍不留神，可能就会堕入不忠不义的深渊。那些沉醉于吃喝玩乐、迷恋于声色犬马的党员干部，那些只讲金钱、不讲信仰的党员干部，那些消极颓废、贪污受贿、腐化堕落的党员干部，那些"不问苍生问鬼神"、从封建迷信中找心灵寄托的党员干部无一不是"总开关"出现了问题，他们早已把崇高信仰抛于九霄云外。崇高信仰、远大理想具有巨大的激励和鞭策作用，只有把理想信念熔铸在生命之中，才能达到思想的纯洁、目标的纯净、行为的纯粹。

当然，无论是忠诚于党、忠诚于组织，还是忠诚于人民、忠诚于伟大事业，实际上都是践行马克思主义根本信仰，也就是我们所坚持的根本价值理念——造福人民，为绝大多数人谋福利。中国共产党是没有丝毫个人利益的政党，中国共产党是全心全意为人民服务的政党。心中有党，就要心中有民、心中有责，就要愿干事、真干事、干成事。对党忠诚，就是要以党和人民的利益为中心，忠心耿耿、忠贞不渝，对党和人民忠诚老实，肝胆相照，荣辱与共。面对价值观念多元多变的当今社会，党员干部要带头奏响"忠诚"这个时代旋律的主音符。

四、加强党性修养是共产党员的终身课题

从 1921 年到 2021 年，中国共产党已经走过了百年风雨。从一个最开始只有 50 多名党员，到现在发展为 9500 多万名党员；从湮没于当时政治组织中的籍籍无名小党，到现在的全世界最大的执政党，在不同的历史时期，根据时代要求和党的自身实际，不断加强全党的党性修养，既是中国共产党人代代相传的优秀传统，亦是中国共产党领导革命不断取得胜利的重要成功经验。这体现在历届党的全国代表大会形成的党章对党员的要求，党的重要文件对党性的规定，以及党的领导人对党性修养的理论建树上。

1. 重视加强党性修养是共产党人赓续不绝的优秀传统

在党的第一次代表大会上，我们党就对党的性质作了明确的规定，从政治思想、组织纪律、党员条件等方面规定了对党员的党性修养的基本要求。早在 1938 年党的六届六中全会上，毛泽东就强调要实现马克思主义中国化，并首次提出了"中国党的马克思主义的修养"的重大命题。在新民主主义革命时期，党章历经数次修订，从政治思想、组织纪律、组织原则、党员条件、党员义务等方面不断完善，成为加强党员修养的总章程，也为革命的胜利提供了保障。

延安整风运动

在新民主主义革命时期，加强党性修养最具典型意义的是延安整风运动，这是中国共产党历史上第一次大规模的整风运动。1941 年 5 月，毛泽东在延安高级干部会议上作《改造我们的学习》的报告，标志着整风开始；1945 年 4 月 20 日党的六届七中全会通过《关于若干历史问题的决议》，标志整风结束。延安整风运动在中国共产党历史上具有深远的历史意义，它是党的建设史上的一个伟大创举。通过延安整风，全党确立了一条实事求是的辩证唯物主义的思想路线，使干部在思想上大大地提高一步，使党达到了空前的团结。

延安整风运动其实也是共产党人自我学习、自我提升的思想运动，是进行马克思主义教育的运动。毛泽东于 1941 年 5 月和 1942 年 2 月，分别作了《改造我们的学习》、《整顿党的作风》和《反对党八股》的报告，号召全党反对主观主义以整顿学风、反对宗派主义以整顿党风、反对党八股以整顿文风。

新中国成立后，在执政的历史条件下，如何进行党性修养实践，是摆在中国共产党人面前的崭新课题。共产党人深刻意识到，中国的革命是伟大的，但革命以后的路程更长，工作更伟大、更艰苦。为此，中共中央从 1950 年到 1954 年，进行了为期近四年的整风整党运动，严格整顿党的作风，为更高的共产党员的条件而奋斗。其间，全国开展了反贪污、反浪费、反官僚主义的"三反"运动，中央要求将整风整党和"三反"运动结合起来,全体党员和党组织接受了一次群众性的审查,为党性教育实践提供了外来助力,有力推动了运动的开展,全党的面貌焕然一新。在社会主义革命和建设的历程中,全党注重修养,严格要求,表现出了蓬勃生机。其间,尽管也遇到了重大的失误和挫折,但始终高扬共产主义的理想信念,保持与人民群众的血肉联系,自觉遵守党的纪律,经常进行批评和自我批评,全党上下斗志昂扬,全心全意为人民服务,党的风气进一步影响社会风气,全国上下风清气正,路不拾遗、夜不闭户,开共和国一代新风。

1978 年,党的十一届三中全会开启了改革开放新的历史时期,新的时代发展对党员提出了新的要求,党性修养也有了新的时代内涵。此后,中国共产党又根据不同阶段的形势,围绕党章要求,多次进行大规模的全党集中教育。自 20 世纪 90 年代以来,我们党先后开展了"三讲"党性党风教育活动、"三个代表"重要思想学习教育、保持共产党员先进性教育活动、深入学习实践科学发展观活动、创先争优活动等。党的十八大以来,我们把坚定理想信念作为党的思想建设的首要任务,着力解决好世界观、人生观、价值观这个"总开关"问题。习近平总书记指出:"坚定理想信念,坚守共产党人精神追求,始终是共产党人安身立命的根本。"① 为此,党中央围绕坚定理想信念、改进作风、激励干部担当作为等问题,先后部署开展了党的群众路线教育实践活动、"三严三实"专题教育、"两学一做"学习教育、"不忘初心、牢记使命"主题教育,以及当下正在进行的党史学习教育。党的专题教育是进行党性教育的有效

① 《习近平谈治国理政》(第 1 卷),外文出版社 2018 年版,第 15 页。

形式，有利于全党在改造客观世界的同时改造主观世界，从而保持党的先进性和纯洁性，为改革开放和现代化建设保驾护航。正是通过这些教育活动，广大党员信念更加坚定、党性更加坚强，更加牢记党的宗旨，更加自觉地为实现新时代党的历史使命不懈奋斗。

知识链接

"不忘初心、牢记使命"主题教育

对于广大党员干部来说，入党的动机就是自己入党的初心，不同的人会有不同的入党动机。我们在入党培训和考核中经常强调"入党申请人要端正入党的动机"，这也就是要有正确的"入党初心"。2019 年，我们党在全党范围内开展"不忘初心、牢记使命"主题教育，要求广大党员"亮初心"，通过回顾自己的"入党初心"，检视自己的入党动机及入党后的表现，不断提高自身党性修养，努力做到"组织上入党"，同时也要做到"思想上入党"。只有思想上入了党才能算一名真正的共产党员，要想思想上入党就需要理论上有一定的基础，通过理论学习强化自己的初心，就是实现思想入党的良好途径。

党的建设是一项宏伟且复杂的工程。在党的十九大报告中，党中央根据新时代的现实要求，以及对我们党过去五年坚持和加强党的领导及全面从严治党实践经验的理论总结后，将党的建设的总要求进行了完善，把政治建设和纪律建设列入党的建设总要求中，提出全面推进政治建设、思想建设、组织建设、作风建设、纪律建设，把制度建设贯穿其中，深入推进反腐败斗争。

2. 重视加强党性修养是共产党人必须应答的时代问卷

1949 年，新中国成立前夕，毛泽东在党的七届二中全会上告诫全党："务必使同志们继续地保持谦虚、谨慎、不骄、不躁的作风，务必使同志们继续地保持艰苦奋斗的作风。"[①] 开完会，党中央就从西柏坡向北平进发。行前，毛泽东对其他中央领导说：今天是进京"赶考"，我们决不当李自成，我们都希望考个好成绩。"赶考"之说由此而来。一个胜利了的党，一个即将全面执政的党，考虑的是如何避免李自成的失败，思考的是如何兢兢业业地"考好试"、交答卷的问题。思考一脉相承，做法前后相续。今天党所面临的形势，复杂程度远远高于新中国成立之初。党的十八大报告全面分析世情、国情、党情发生深刻变化的新形势，深刻指出："党面临的执政考验、改革开放考验、市场经济考验、外部环境考验是长期的、复杂的、严峻的，精神懈怠危险、能力不足危险、脱离群众危险、消极腐败危险更加尖锐地摆在全党面前。"[②] "考试"的内容变得更为丰富，难度不断增加。改革开放、市场经济、外部环境都是崭新的课题，精神懈怠、能力不足、脱离群众、消极腐败都上升到危险的程度。没有全党积极有效的修养实践，很难应对这样的考验和危险。邓小平结合改革开放的实践，总结党的历史经验时说："我们在新民主主义革命时期，就已经坚持用共产主义的思想体系指导整个工作；用共产主义道德约束共产党员和先进分子的言行；提倡和表彰'全心全意为人民服务'，'个人服从组织'，'大公无私'，'毫不利己、专门利人'，'一不怕苦、二不怕死'。"今天，"党和政府愈是实行各项经济改革和对外开放的政策，党员尤其是党的高级负责干部，

---

① 《毛泽东选集》（合订本），人民出版社 1964 年版，第 1328—1329 页。
② 《胡锦涛文选》（第 3 卷），人民出版社 2016 年版，第 653 页。

就愈要高度重视、愈要身体力行共产主义思想和共产主义道德"①。这一历史经验告诉我们，应对"四大考验""四大危险"，仍然必须加强党性修养。习近平总书记强调指出：我们共产党人的忧患意识，就是忧党、忧国、忧民意识，这是一种责任，更是一种担当。要深刻认识党面临的执政考验、改革开放考验、市场经济考验、外部环境考验的长期性和复杂性，深刻认识党面临的精神懈怠危险、能力不足危险、脱离群众危险、消极腐败危险的尖锐性和严峻性，深刻认识增强自我净化、自我完善、自我革新、自我提高能力的重要性和紧迫性，坚持底线思维，做到居安思危。要教育引导全党同志特别是各级领导干部坚持"两个务必"，自觉为党和人民不懈奋斗，不能安于现状、盲目乐观，不能囿于眼前、轻视长远，不能掩盖矛盾、回避问题，不能贪图享受、攀比阔气。这样的表述，足以让全党警醒。

当前，我国发展正处在一个新的历史交汇点，我们实现第一个百年奋斗目标，全面建成小康社会，向着第二个百年奋斗目标迈进，开启全面建设社会主义现代化国家新征程。现在中国的发展正处在一个关键节点，中国比历史上任何时候都更接近理想的彼岸。行百里者半九十，越是接近目标越是困难重重。今天，我们党面对的改革发展稳定任务之重前所未有，矛盾风险挑战之多前所未有。世界经济增长速度减缓，全球竞争更加激烈，各种问题更加突出，我们面对的外部环境更趋复杂。国内发展中不平衡、不协调、不可持续问题依然突出，社会矛盾明显增多，制约科学发展的体制机制障碍依然较多，改革进入深水区。精神的力量是无穷的，道德的力量也

---

① 《邓小平文选》（第 2 卷），人民出版社 1994 年版，第 367 页。

是无穷的。根据马克思主义辩证唯物论的观点，物质可以变精神，精神也可以变物质。物质决定意识，意识对物质有反作用。用先进的理念和崇高的精神武装全党，就会产生无穷无尽的物质力量来战胜困难。正如邓小平在回顾党的艰苦奋斗史时所说的："过去我们党无论怎样弱小，无论遇到什么困难，一直有强大的战斗力，因为我们有马克思主义和共产主义的信念。"[①] 新的环境、新的困难，仍需这种精神。习近平总书记指出："进行具有许多新的历史特点的伟大斗争，实现党的十八大确定的各项目标任务，进行具有许多新的历史特点的伟大斗争，关键在党，关键在人。"[②] 逆水行舟，不进则退。攻坚克难关键在党，关键在人，关键在全党群策群力、共同奋斗，而这需要党性修养的强力支撑。

3. 坚持实事求是共产党人加强党性修养的终身必修课

实事求是作为我们党的思想路线，既是党的政治路线和组织路线的思想基础，也是共产党人最根本的思想方法。因此，共产党人应该将坚持实事求是作为党性修养的最重要的内容和终身必修课。毛泽东提出实事求是之后，又强调要老老实实、勤勤恳恳、互勉互励，力戒任何的虚夸和骄傲。刘少奇多次强调，大力提倡说老实话、办老实事、当老实人，坚决反对弄虚作假。邓小平反对说空话、说假话、说大话，要求必须杜绝这种恶习。胡锦涛强调，以诚实守信为荣，以见利忘义为耻。习近平也多次强调，要实实在在做人做事，不搞"假大空"，要求广大领导干部做到严以修身、严以用权、严以律己，谋事要实、创业要实、做人要实，领导干部要把实实在在做人做事作为改进作风、增强党性的一个重要方面，对党、对组织、

---

① 《邓小平文选》（第 3 卷），人民出版社 1993 年版，第 144 页。

② 《习近平谈治国理政》（第 1 卷），外文出版社 2018 年版，第 411 页。

对人民、对同志忠诚老实，做老实人、说老实话、干老实事，襟怀坦白、公道正派，敢于担当责任，勇于直面矛盾，善于解决问题。在2021年秋季学期中央党校（国家行政学院）中青年干部培训班开班式上，他再次强调指出，"坚持从实际出发、实事求是，不只是思想方法问题，也是党性强不强问题。从当前干部队伍实际看，坚持实事求是最需要解决的是党性问题。干部是不是实事求是可以从很多方面来看，最根本的要看是不是讲真话、讲实话，是不是干实事、求实效。年轻干部要坚持以党性立身做事，把说老实话、办老实事、做老实人作为党性修养和锻炼的重要内容，敢于坚持真理，善于独立思考，坚持求真务实"①。这一切都充分说明，实事求是不但是中国革命的制胜法宝，更是共产党人始终坚持的党性基石，广大党员只有始终坚持实事求是，才能真正做到不忘初心、矢志前行，才能从根本上站稳政治立场，才能始终和人民群众保持血肉联系；一旦忘却了实事求是，党性修养就无从谈起，而一个放弃了自我修养的党员将最终走向人民的对立面，一个放弃了自我修养的政党则必然走向失败。

现实中，有的人故步自封、因循守旧，思想和工作落后于客观形势的要求；有的人不按客观规律办事，急功近利，急于求成甚至蛮干、瞎干；有的人不喜欢听真话、实话，不愿意修正错误、择善而从。这些现象显然都是违背唯物辩证法的具体表现，归根结底都是因为不愿或者不敢坚持客观辩证看待问题，从而不能做到解放思想、实事求是。正是基于这样的深刻认识，习近平总书记指出："领导干部必须带头加强党性修养，带头践行全心全意为人民服务的根

① 《信念坚定对党忠诚实事求是担当作为 努力成为可堪大用能担重任的栋梁之才》，《人民日报》2021年9月2日。

本宗旨，为了人民利益敢于坚持真理、修正错误，自觉为党分忧、为国尽责、为民奉献，以坚强的党性来保证做到实事求是。"① 也就是说，广大党员干部要做到实事求是，就必须坚定理想信念，加强党性修养，树立正确的世界观、人生观、价值观，就必须养成良好的品格，养成共产党员应有的"官德"。这种品格和德行就是公而忘私和不计个人得失。一直以来，无数共产党员之所以能够公而忘私，就在于他们有着崇高的信仰。虽然越是崇高的信仰，越是难以到达彼岸，但也越能给予人强大的力量。在崇高的信仰面前，任何个人私利都不值一提。因此，各级党员干部要不断筑牢信仰的根基，坚持实事求是，努力做到公而忘私。归根结底一句话，共产党人没有自己的特殊利益，它始终代表着最广大人民的利益。

党性是共产党人立身、立业、立言、立德的基石。历史已经并将继续证明，没有中国共产党的领导，民族复兴必然是空想。我们党要始终成为时代先锋、民族脊梁，始终成为马克思主义执政党，自身必须始终过硬。全党要更加自觉地坚定党性原则，勇于直面问题，敢于刮骨疗毒，以零容忍态度惩治腐败，消除一切损害党的先进性和纯洁性的因素，清除一切侵蚀党的健康肌体的病毒，不断增强党的政治领导力、思想引领力、群众组织力、社会号召力，确保我们党永葆旺盛生命力和强大战斗力。只要我们党把自身建设好、建设强，确保党始终同人民想在一起、干在一起，就一定能够引领承载着中国人民伟大梦想的航船破浪前进，胜利驶向光辉的彼岸！

① 习近平：《坚持实事求是的思想路线》，《学习时报》2012 年 5 月 28 日。

1. 毛泽东：《整顿党的作风（1942 年 2 月 1 日）》，《毛泽东选集》（第 3 卷），人民出版社 1991 年版，第 811—829 页。

2. 刘少奇：《论共产党员的修养》，人民出版社 2018 年版。

3. 习近平：《广大干部特别是年轻干部要做到信念坚、政治强、本领高、作风硬（2019 年 3 月 1 日）》，《习近平谈治国理政》（第 3 卷），外文出版社 2020 年版，第 518—522 页。

深度思考

1. 什么是党性？请结合工作实际谈谈作为一名共产党员应如何增强党性修养。

2. 为什么说共产党人要始终有"革命理想高于天"的精神境界？

3. 为什么说忠诚于党本质上就是忠诚于党的信仰？

4. 请谈谈你对这句话的理解："中国共产党人的理想信念，建立在马克思主义科学真理的基础之上，建立在马克思主义揭示的人类社会发展规律的基础之上，建立在为最广大人民谋利益的崇高价值的基础之上。"

第二章

坚持实事求是

经典语录

坚持一切从实际出发，是我们想问题、作决策、办事情的出发点和落脚点。坚持从实际出发，前提是深入实际、了解实际，只有这样才能做到实事求是。要了解实际，就要掌握调查研究这个基本功。

坚持从实际出发、实事求是，不只是思想方法问题，也是党性强不强问题。从当前干部队伍实际看，坚持实事求是最需要解决的是党性问题。

——2021年9月1日，习近平在2021年秋季学期中央党校（国家行政学院）中青年干部培训班开班式上的讲话要点

习近平总书记指出："实事求是，是马克思主义的根本观点，是中国共产党人认识世界、改造世界的根本要求，是我们党的基本思想方法、工作方法、领导方法。不论过去、现在和将来，我们都要坚持一切从实际出发，理论联系实际，在实践中检验真理和发展真理。"① 实事求是是马克思主义的精髓，是中国共产党的根本思想路线和工作路线，毛泽东运用"实事求是"这一中国话语高度概括了马克思主义的世界观和方法论，并在实践中将其上升为中国共产党的思想路线，作为中国共产党人认识世界和改造世界的根本要求，成为党带领人民推动中国革命、建设、改革事业不断取得胜利的重要法宝。

一、坚持一切从实际出发，是我们想问题、作决策、办事情的出发点和落脚点

按照彻底的唯物主义一元论，要使我们的实践达到预期的目的，就必须使我们的思想、观念、理论正确地反映客观现实。这就要求我们在任何时候、任何问题上必须坚持一切从实际出发，而不是从主观想象出发；从事实出发，而不是从原则出发；必须按照世界的本来面目反映世界，而不能附加任何外来成分。如果我们的思想、观念、理论违背了客观现实，与实际不相符合，那么，不管这种思想、观念、理论以什么面目出现，也不管这种思想、观念、理论看

---

① 《习近平谈治国理政》（第 1 卷），外文出版社 2018 年版，第 25 页。

起来多么神圣，都应当在破除之列，这就是解放思想、实事求是。因此，从根本意义上讲，坚持实事求是，就是要坚持一切从实际出发来研究和解决问题，坚持理论联系实际来制定和形成指导实践发展的正确的路线、方针、政策。正如习近平总书记所指出的，"坚持一切从实际出发，是我们想问题、作决策、办事情的出发点和落脚点"①。

1. 坚持一切从实际出发体现了马克思主义的根本要求

坚持一切从实际出发是马克思主义世界观的基本要求。恩格斯指出："马克思的整个世界观不是教义，而是方法。它提供的不是现成的教条，而是进一步研究的出发点和供这种研究使用的方法。"②毛泽东也指出："我们讨论问题，应当从实际出发，不是从定义出发。如果我们按照教科书，找到什么是文学、什么是艺术的定义，然后按照它们来规定今天文艺运动的方针，来评判今天所发生的各种见解和争论，这种方法是不正确的。我们是马克思主义者，马克思主义叫我们看问题不要从抽象的定义出发，而要从客观存在的事实出发，从分析这些事实中找出方针、政策、办法来。"③邓小平在总结建设初期的经验教训时同样强调，建设社会主义必须做到一切从实际出发。

实际事物是具体的，而本本是对实际事物研究、抽象的结果，不能成为研究问题和作决策的出发点，出发点只能是客观实际，因此，坚持实事求是，就必须坚持一切从实际出发。"一切从实际出

---

① 《信念坚定对党忠诚实事求是是担当作为 努力成为可堪大用能担重任的栋梁之才》，《人民日报》2021年9月2日。

② 《马克思恩格斯选集》（第4卷），人民出版社2012年版，第664页。

③ 《毛泽东选集》（第3卷），人民出版社1991年版，第853页。

发",可以从四个方面来理解和把握。首先,实际是客观的、不以人的意志为转移的,坚持从实际出发,就要真正承认客观事实、尊重客观事实。实际也有两层含义:具体的客观事物和人们的实践活动。从实际出发,就是从被认识和被改造的客观事物、客观情况出发,用科学方法从中发现固有的规律性,作为我们行动的指南。其次,必须全面把握实际。实际是全面的,必须坚持全面看问题,从事物的全部情况来认识事物,不能以偏概全,只看到部分而忽视整体,应尽量从多方面去了解和认识客观实际。再次,在事物的相互联系中把握实际。任何事物的存在和发展都不是孤立的,而是在相互作用、相互影响中进行的。坚持从实际出发,必须深入认识事物内部各因素之间、事物之间的相互联系和作用,只有这样,才可能真正把握和认识事物及其规律。最后,在发展变化中把握实际。一切实际都是不断发展变化的,都会因为时间、环境变化而变化,必须从动态性的过程中把握和认识客观事物,必须从具体时间、地点、环境中认识实际,具体问题具体分析。

坚持一切从实际出发是唯物辩证法的基本原则和内在规定。唯物辩证法主张世界是一个普遍联系、永恒发展的复杂系统,批判性和革命性是其根本特质。正如马克思所指出的:"辩证法,在其合理形态上,引起资产阶级及其空论主义的代言人的恼怒和恐怖,因为辩证法在对现存事物的肯定的理解中同时包含对现存事物的否定的理解,即对现存事物的必然灭亡的理解;辩证法对每一种既成的形式都是从不断的运动中,因而也是从它的暂时性方面去理解;辩证法不崇拜任何东西,按其本质来说,它是批判的和革命的。"①

---

① 《资本论》(第1卷),人民出版社2004年版,第22页。

物质世界并不存在任何绝对孤立、静止、片面的事物，而是普遍联系和永恒发展的。因此，唯物辩证法要求我们必须坚持全面的观点，从事物的整体性去分析和解决问题，避免"一叶障目不见泰山"的片面性；必须坚持发展的观点，从事物的不断运动变化中去把握事物和解决问题，避免"刻舟求剑"的僵化思维方式；必须坚持系统的观点，把事物作为一个相互联系、相互作用的整体来把握，不仅要分析组成系统的每一要素，还要把握要素和要素的关系、要素和整体的关系、整体和部分的关系，避免"头痛医头脚痛医脚"的机械思维方式。而要做到全面、发展、系统地而非孤立、静止、片面地去看待问题和分析问题，就必须做到实事求是。实事求是正是从实际出发来探求事物之间的内在联系和发展规律，"内在地包含了要用联系的、发展的、全面的观点看问题，揭示事物固有的规律性，体现了活生生的唯物辩证法"①。

2. 坚持一切从实际出发是中国共产党人重要的思想方法和工作方法

认识世界和改造世界是人类活动的两大基本方式，认识世界是改造世界的基础和前提。认识世界的关键在于"求真""求实"，只有坚持了唯物论，按照事物本来的面貌来认识事物，才能获得对于事物的正确认识。认识世界的目的在于改造世界，而只有建立在正确认识世界的基础上，才能有效地改造世界。坚持一切从实际出发，实事求是，这一思想既包含了认识世界的基本要求，又指明了改造世界的原则方法，因此成为中国共产党人认识世界和改造世界的重要思想方法，也正是因为中国共产党人能够始终把这一根本思想方

---

① 董振华、王宜科：《论继续解放思想与全面深化改革》，《杭州市委党校学报》2014 年第 2 期。

法充分融入到自身的工作方法中去，才不断取得各项事业的胜利。

　　坚持一切从实际出发，实事求是，是我们党的优良传统。从发展脉络上讲，马克思、恩格斯为党的思想路线形成奠定了理论基础，而毛泽东则首次提出了党的实事求是的思想路线。邓小平指出："马克思、恩格斯创立了辩证唯物主义和历史唯物主义的思想路线，毛泽东同志用中国语言概括为'实事求是'四个大字。"① 对"实事求是"作出全新的马克思主义解释，并用之来概括中国共产党思想路线的是毛泽东。所以邓小平说："党的这条思想路线是毛泽东同志确立的，他在领导革命的大部分时间内是坚持这条思想路线的。"②

知识链接

"实事求是" 的来源

　　"实事求是"这个词语，最早见于《汉书·河间献王传》："河间献王德以孝景前二年立，修学好古，实事求是。从民得善书，必为好写与之，留其真，加金帛赐以招之。"刘德是汉景帝的儿子，汉武帝的兄弟。汉武帝时代，河间献王刘德和身为汉武帝族叔的淮南王刘安都在从事古典收集和整理工作，但是，刘安不注意所收集的典籍的真伪，而注重于自己的理论创新，因此，后来，刘安除召集门人写作了著名的《淮南子》一书外，他所收集的其他古代典籍都没有流传下来。相比之下，刘德更注重收集古典文本的真伪鉴别，因此，刘德生前没有什么自己的理论，他只是为后人收集和传播了前人的典籍。西汉末期，刘向和刘歆所整

----

　　① 《邓小平文选》（第2卷），人民出版社1994年版，第278页。
　　② 《邓小平文选》（第2卷），人民出版社1994年版，第278页。

理出的"六经"，也就是今天看到的这些"六经"文本，则是继承刘德所收集的著作。"实事求是"，就是《汉书》作者针对刘德收集民间古典文本时鉴别留真的治学态度所作的评价语。清朝中后期，中国学子兴起了治理汉学的学术潮流，这次的汉学治理最大的特点，就是注意鉴别历史文献的真伪和考证古典文本的文辞音义，所以，"实事求是"这个古语也就开始流行于当时的学子之中，以表示做学问要尊重和依照古典本文的本义的严谨学风。湖南长沙的岳麓书院是中国古代四大书院之一，长期有着一批学人在此求学，因此，岳麓书院便将"实事求是"这句古语作为该书院的院训。

1929 年 6 月，毛泽东在给红四军第一纵队队长林彪的一封信中，指出党内存在着种种错误思想的原因时指出，"我们是唯物史观论者，凡事要从历史和环境两方面考察才能得到真相"，并第一次使用了"思想路线"这一概念。1930 年，毛泽东在《反对本本主义》一文中就提出："中国革命斗争的胜利要靠中国同志了解中国情况"，"马克思主义的'本本'是要学习的，但是必须同我国的实际情况相结合"，"没有调查，没有发言权"[1]。1937 年，毛泽东在《实践论》《矛盾论》中深刻地阐述了理论与实践、矛盾的普遍性与特殊性的关系，对党的思想路线作了系统的哲学论证。在 1938 年党的六届六中全会所作的《论新阶段》的政治报告中，毛泽东第一次使用了"实事求是"的概念，并提出了要"使马克思主义在中国具体化"的命题。"共产党员应是实事求是的模范。""因为只有实事求

---

① 《毛泽东选集》（第 1 卷），人民出版社 1993 年版，第 382 页。

是，才能完成确定的任务。"① 他进一步指出："马克思主义必须和我国的具体特点相结合并通过一定的民族形式才能实现。马克思列宁主义的伟大力量，就在于它是和各个国家具体的革命实践相联系的。对于中国共产党说来，就是要学会把马克思列宁主义的理论应用于中国的具体的环境。成为伟大中华民族的一部分而和这个民族血肉相联的共产党员，离开中国特点来谈马克思主义，只是抽象的空洞的马克思主义。因此，使马克思主义在中国具体化，使之在其每一表现中带着必须有的中国的特性，即是说，按照中国的特点去应用它，成为全党亟待了解并亟须解决的问题。"② 1941 年 5 月，毛泽东在《改造我们的学习》一文中指出："'实事'就是客观存在着的一切事物，'是'就是客观事物的内部联系，即规律性，'求'就是我们去研究。"③ 之后，经过延安整风与党的七大的召开，"实事求是"被确立为党的思想路线，正式写入党章。党的七大以后，党的实事求是的思想路线在中国革命、建设和改革的实践中继续丰富与发展。

纵观中国共产党建党百年的历史，可以清楚地看到，什么时候坚持了一切从实际出发，实事求是，党就能够形成符合客观实际、遵循发展规律、顺应人民意愿的正确的路线、方针、政策，就能够不断取得革命、建设和改革发展事业的胜利；反之，离开了一切从实际出发，不实事求是，党和人民的事业就会遭受损失甚至严重挫折。实践反复证明，只要坚定不移地坚持一切从实际出发，实事求是，就能取得理论上的飞跃、实践上的成功。在中国特色社会主义

① 《毛泽东选集》（第 2 卷），人民出版社 1991 年版，第 522 页。
② 《毛泽东选集》（第 2 卷），人民出版社 1991 年版，第 522 页。
③ 《毛泽东选集》（第 3 卷），人民出版社 1991 年版，第 801 页。

新时代，党要带领全体中国人民取得社会主义现代化建设事业新的伟大胜利，实现中华民族伟大复兴的中国梦，同样要始终坚持一切从实际出发，实事求是。

二、坚持从实际出发，前提是深入实际、了解实际

习近平总书记强调："坚持实事求是，最基础的工作在于搞清楚'实事'，就是了解实际、掌握实情。这就要求我们必须不断对实际情况作深入系统而不是粗枝大叶的调查研究，使思想、行动、决策符合客观实际。"① 因此，领导干部在工作中要做到一切从实际出发，实事求是，首先要在"实事"上下功夫，充分认识到"实事"的基础性意义，要学会运用科学的思维方法，将主要时间和精力放在实干之中，坚决反对形式主义等各种弄虚作假行为。坚持从实际出发，就是要透过纷繁复杂的现象把握事物的本质，从杂乱无章的现象中发现事物本质内部固有的联系，从变化无穷的现象中发现事物内部蕴含的本质规律，在实践中抓住本质，遵循规律，就是要具体问题具体分析，从而在正确认识世界的基础上去有效地改造世界。

1. 坚持从实际出发，要做到具体问题具体分析

认识来源于人们的客观实践活动，人们对事物的认识也是随着客观实践活动的发展而发展的。矛盾具有特殊性，不同事物的矛盾具有不同的特点，同一事物的矛盾在不同的发展阶段也是不一样的，问题作为矛盾的外在显现形式自然也是随着社会的发展而不断变化的，因此我们要一切从实际出发，具体问题具体分析。

---

① 习近平：《坚持实事求是的思想路线》，《学习时报》2012 年 5 月 28 日。

通过具体问题具体分析，弄清楚哪些是表面问题，哪些是深层次问题；哪些是共性问题，哪些是个性问题；哪些是理论政策水平不够高的问题，哪些是理想信念不坚定的问题；哪些是工作作风不扎实的问题，哪些是体制机制弊端造成的问题；哪些是工作责任不落实造成的问题，哪些是条件不具备一时难以解决的问题。通过具体分析问题的性质、类型、原因，弄清楚问题的大小多少、轻重缓急、易难主次，解决问题才能胸有成竹，做到对症下药、有的放矢，一把钥匙开一把锁。

我国是一个幅员辽阔、人口众多、地区差异极大的国家，也是一个即将迎来国家崛起、处于民族复兴关键时代节点上的国家，因此，面临着复杂化和多样化的风险挑战。作为一个统一国家内部的一个地区或部门，同样面对国家与时代的普遍性矛盾和问题，这些问题不仅体现在遍布经济、政治、文化、科技、公共卫生的泛领域化，更体现在地区的差异化。不同的"险情"对应的是不同的解决之道，在一个地区或部门常用并且管用的思路办法，变换迁移到另一个地区或部门就会如同南橘北枳，"水土不服"。这就需要各级各部门深入调研、综合分析，将一般原则和处理办法"地方化"，将国际经验和模式"土货化"。只有如此，才能够真正把握实际、科学研判风险。就生态环境问题而言，各级领导干部必须牢记习近平总书记倡导强调的"绿水青山就是金山银山"理念，但在具体的践行和实施中，则必须从本地本部门的具体实际出发，有的放矢，拟定和采取最富针对性和有效性的办法，创造性地开展工作。就发达地区而言，它们面临的风险多是"富裕之后的烦恼"，以空气污染、噪声污染、光污染、污染物泄露等突发性环境事件与新型环境问题和风险为主；而在欠发达地区，尤其是生态环境脆弱的地区，则更多表

现为人类较为落后的生存和发展活动对自然界的破坏，以及生态环境承载力过度脆弱带来的致贫返贫问题。因此，在对这两个地区的发展状况制定对策时，就要依照事实情况采取不同的处理方式及应对手段。在发达地区更加强调"绿水青山"，注重在经济发展的同时保护环境；在较为落后的地区则要突出"金山银山"，在保证生态环境不受破坏的同时借力生态，提升人民的生活水平，让绿水青山真正为人民带来幸福生活。

2. 坚持从实际出发，要做到透过现象看本质

唯物辩证法告诉我们，任何事物都有现象和本质两个方面，本质是事物本身所固有的根本属性，是内在的、稳定的；现象则是事物本质属性的外在表现形式，是外在的、多变的。我们在实践中认识事物时，往往不能马上达到对事物本质的认识，而是首先达到对事物的现象的认识，然后通过反复实践才能抓住事物的本质。这就告诉我们，只观一隅、只察一面，很可能会一叶障目、盲人摸象，难以得出正确的结论。要想坚持从实际出发，深入分析问题、把握问题的实质，就必须见微知著、由表及里，透过现象看本质，撇开枝节抓根本。

习近平总书记指出："随着世情、国情、党情的不断变化，影响从严治党的因素更加复杂，提出了很多新课题。我们要深入基层、深入实际，深入研究管党治党实践，通过纵向和横向的比较，进行去伪存真、由表及里的分析，正确把握掩盖在纷繁表面现象后面的事物本质，深化对从严治党规律的认识。"[①] 面对国内外形势的复杂因素的不断增加，分析问题如果仅浮于表面、流于形式、止于现象，

---

① 习近平：《在党的群众路线教育实践活动总结大会上的讲话（2014 年 10 月 8 日）》，人民出版社 2014 年版，第 29 页。

我们就无法正确认识问题，更不可能彻底解决问题。要善于研机析理、察形见势，发现实践背后的深层次逻辑，能够从繁杂问题中把握事物的规律性，从苗头性问题中发现事物的倾向性，从偶然性问题中揭示事物的必然性。要不仅能从客观条件、主体责任层面分析问题，更能从体制机制、思想根子层面剖析问题，把原因挖深，把症结找到。

3. 坚持从实际出发，要做到解放思想、与时俱进

解放思想就是打破僵化的观念和思维模式的束缚，使人们的主观认识与不断发展变化的客观现实统一起来，其实质就是我党历来强调的一切从实际出发，实事求是。对此，邓小平在 1980 年的一次讲话中有过精辟的阐述："解放思想，就是使思想和实际相符合，使主观与客观相符合，就是实事求是。"① 要想实事求是，必须首先解放思想，只有思想解放了，才能真正实事求是。实事求是必须和解放思想相统一，离开了解放思想就不可能实事求是，真正的实事求是是在不断地解放思想中实现的，这就要求我们不断对实际情况进行深入调查与研究，随时使我们的思想和客观相符合。中国革命和社会主义建设的实践都说明了这个问题。民主革命时期，毛泽东摆脱教条主义的束缚，解放思想，深入实际，调查研究，从中国实际出发，实事求是地提出了"农村包围城市，武装夺取政权"的正确革命道路，把中国革命引向胜利。粉碎"四人帮"以后，邓小平解放思想，旗帜鲜明地批判"两个凡是"，从中国实际出发，创造性地提出了建设中国特色社会主义的理论，使中国社会主义现代化建设突飞猛进。这些都说明，要想取得胜利，必须坚持实事求是；而要

① 《邓小平文选》（第 2 卷），人民出版社 1994 年版，第 364 页。

真正实事求是，必须首先解放思想。只有思想解放了，才敢于实事求是，才善于实事求是。

解放思想中要防止走岔路，思想解放不是乱解放，也是有原则、有轨道的。解放思想的具体内容会随着形势的发展而有所变化，但无论在任何时候、任何情况下，都要使解放思想始终沿着实事求是的正确轨道前进，自觉地服从于实事求是、服务于实事求是，并最终体现为实事求是。解放思想是党的思想路线的本质要求，一切从实际出发、实事求是是党的思想路线的核心。解放思想若离开了实事求是，就必然成为思想和实际相脱离、主观和客观相分裂的胡思乱想，其实质都是对实事求是的背离，造成对革命事业的危害，这正是真正科学意义上的解放思想所必须加以纠正和解决的问题。

三、要了解实际，就要掌握调查研究这个基本功

调查研究是辩证唯物主义认识论的基本要求，也是党员干部的根本工作方法，更是关系党和人民事业成败得失的大问题。客观世界是纷繁复杂、发展变化的，党员干部要了解实际、掌握规律，就要有去伪存真、去粗取精的本领，这就需要不断提升调查研究的能力。正如习近平总书记所指出的，"要了解实际，就要掌握调查研究这个基本功。要眼睛向下、脚步向下，经常扑下身子、沉到一线，近的远的都要去，好的差的都要看，干部群众表扬和批评都要听，真正把情况摸实摸透。既要'身入'基层，更要'心到'基层，听真话、察真情，真研究问题、研究真问题，不能搞作秀式调研、盆景式调研、蜻蜓点水式调研。要在深入分析思考上下功夫，去粗取

精、去伪存真，由此及彼、由表及里，找到事物的本质和规律，找到解决问题的办法"①。

1. 调查研究是我们党的传家宝

重视调查研究，是我们党在革命、建设、改革各个历史时期做好领导工作、不断取得胜利的重要传家宝。马克思主义的世界观和方法论，党的实事求是的思想路线，党的从群众中来、到群众中去的根本工作路线，都要求我们的领导工作和领导干部必须始终坚持和不断加强调查研究。习近平总书记明确指出："重视调查研究，是我们党在革命、建设、改革各个历史时期做好领导工作的重要传家宝。"② 中国共产党自成立以来，一直强调调查研究的重要性，在调查的基础上结合实际情况，开展各项工作。早期中国共产党人在开展革命工作时，就首先对无产阶级的各项状况和需求开展调研，并在调研的基础上采取相应措施，广泛发动群众。结合当时工人阶级知识水平普遍低下的情况，积极开展各种知识普及活动，用通俗语言、生动口号向工人阶级传播马克思主义思想，动员其加入到反帝反封建斗争中来。作为中国共产党人的优秀代表，毛泽东更是深入农村进行实地调查，摸清农村革命形势及联合农民开展斗争的可能性，为走出一条"农村包围城市，武装夺取政权"的中国革命道路提供了理论支撑。新中国成立后，针对"大跃进""人民公社化"中存在的"左"倾问题，党中央号召全国大兴调查研究之风，各级各部门分头开展调查，寻找克服经济困难的办法，探索适合国情的经济与社会管理体制。粉碎"四人帮"后，为了解答"中国发展路

---

① 《信念坚定对党忠诚实事求是担当作为　努力成为可堪大用能担重任的栋梁之才》，《人民日报》2021 年 9 月 2 日。

② 习近平：《谈谈调查研究》，《学习时报》2011 年 11 月 21 日。

在何方"的关键问题，邓小平走遍北方四省一市，深入调研，提出全党工作着重点转移的崭新命题，为党的十一届三中全会实现伟大的历史转折奠定了思想和政治基础。改革开放后，针对小康水平标准的制定，邓小平再次走访多省开展调研，制定了小康标准及实现期限。党的十八大后，党中央审议通过了中央政治局关于改进工作作风、密切联系群众的八项规定，其中的第一条就是要改进调查研究。

作为新时代中国特色社会主义事业的领导人，习近平总书记也一贯重视调查研究。2011 年在中共中央党校，他专门对中国共产党的中高级领导干部指出，调查研究是做好领导工作的一项基本功，调查研究能力是领导干部整体素质和能力的一个组成部分。就重要性而言，调查研究不仅是一种工作方法，而且是关系党和人民事业得失成败的大问题。重视调查研究，是我们党在革命、建设、改革各个历史时期做好领导工作的重要传家宝。就目的性而言，调查研究的根本目的是解决问题，是把事情的真相和全貌调查清楚，把问题的本质和规律把握准确，把解决问题的思路和对策研究透彻。就技术性而言，调查研究包括"调查"和"研究"两个环节。一方面，调查要讲究全面性，我们既要调查机关，又要调查基层；既要调查干部，又要调查群众；既要解剖典型，又要了解全局；既要到工作局面好和先进的地方去总结经验，又要到困难较多、情况复杂、矛盾尖锐的地方去研究问题，其中，基层、群众、重要典型和困难的地方，应成为调研重点，要花更多时间去了解和研究。此外，调研可以有"规定路线"，也可以有"自选动作"，看一些没有准备的地方，搞一些不打招呼、不作安排的随机性调研，避免出现"被调研"。另一方面，研究是关键。习近平总书记指出："有的同志下去，只调查不研究，装了一兜子材料，回来汇报一下写个报告就了事；有的领导干部连调研汇报也不听，调查材料也不看。这种调查多、研究少，情况多、分析少，不解决什么问题的调查研究，是事倍功半的。""调查研究的根本目的是解决问题，调查结束后一定要进行深入细致的思考，进行一番交换、比较、反复的工作，把零散的认识系统化，把粗浅的认识深刻化，直至找到事物的本质规律，找到解决问题的正确办法。"①

2. 没有调查研究就没有发言权

调查研究，是对客观实际情况的调查了解和分析研究，目的是把事情的真相和全貌调查清楚，把问题的本质和规律把握准确，把解决问题的思路和对策研究透彻。搞好调查研究，是进行正确决策的基础和前提。没有调查研究就没有发言权，没有调查研究更没有决策权。党的各项工作千头万绪，出现了许多新情况、新问题，关系到群众的切身利益，这就要求各级党组织和党员干部不做"三拍干部"，每作出一项决策，都不能只靠凭空想象，都必须认真地进行调查和研究。

知识链接

"三拍干部"

"三拍干部"就是：拍脑袋决策，拍胸脯表态，拍屁股走人。不做调查，没有研究，上情不清，下情不明，一旦心血来潮就出主意、作决策，这叫"拍脑袋决策"；上级询问时，因为情况不明，所以决心很大，又信誓旦旦，胸脯一拍表示"没问题"，这叫

---

① 习近平：《谈谈调查研究》，《学习时报》2011 年 11 月 21 日。

"拍胸脯表态"；当最后承诺无法兑现，又不好交代时，只得悄悄地拍拍屁股，丢下一个烂摊子溜之大吉，这叫"拍屁股走人"。

1930年5月，为了批评和纠正当时红军队伍中存在的教条主义倾向，毛泽东写了《反对本本主义》这篇党的经典文献，在文中，他专门对调查研究的必要性和技术细节作了论述。他指出，没有调查，就没有发言权，我们开展调查的目的是解决问题，调查就像"十月怀胎"，解决问题就像"一朝分娩"，"共产党的正确而不动摇的斗争策略，决不是少数人坐在房子里能够产生的，它是要在群众的斗争过程中才能产生的，这就是说要在实际经验中才能产生。因此，我们需要时时了解社会情况，时时进行实际调查"①。之后，"没有调查，没有发言权"这一论断也成为党一切从实际出发、深入群众、形成正确工作方法的行动口号。1931年4月2日，毛泽东在《总政治部关于调查人口和土地状况的通知》中对"没有调查，没有发言权"的论断又作了补充和发展，提出"我们的口号是：一，不做调查没有发言权。二，不做正确的调查同样没有发言权。"他还说："没有满腔的热忱，没有眼睛向下看的决心，没有求知的渴望，没有放下臭架子、甘当小学生的精神，是一定不能做，也一定做不好的。必须明白：群众是真正的英雄，而我们自己则往往是幼稚可笑的，不了解这一点，就不能得到起码的知识。"② 这就启示我们，在调查研究中、在了解情况时要树立正确的群众观。我们要对人民负责，每句话、每个行动、每个决定、每项政策，都必须符合人民

---

① 《毛泽东选集》（第1卷），人民出版社1991年版，第115页。
② 《毛泽东选集》（第1卷），人民出版社1991年版，第111页。

66

群众的利益。要把人民群众当"主人"、当"先生"，要有甘当"小学生"的精神。因为"人民，只有人民，才是创造世界历史的动力"①。

实际上，早年所形成的这种调查研究的习惯基本贯穿毛泽东的一生，调查研究是他制定大政方针之前惯用的基本工作方法。他在1956年所写的《论十大关系》可谓这一方法论精神的集中表现。为了写这篇讲话，毛泽东花了几个月时间，先后听取了中央34个部门的工作汇报，在此基础上，他提炼出了社会主义革命和建设中所要处理好的十大关系，这些关系既是问题，也是矛盾，我们的任务就是处理这些矛盾。至今看来，这些矛盾对于我们认清中国今天的现实还有某种启示意义。

3. 调查研究是做好领导工作的一项基本功

调查研究是做好领导工作的一项基本功，调查研究能力是党员干部整体素质和能力的一个组成部分。陈云讲过："领导机关制定政策，要用百分之九十以上的时间作调查研究工作，最后讨论作决定用不到百分之十的时间就够了。"② 在作出重大事项的决策时，必须把调查研究作为必经程序，贯穿整个过程，应当组成专题调研组，深入实际了解情况，形成全面详细的调研报告，防止决策的盲目性，提高决策的科学化。尤其是涉及广大人民群众切身利益的重要政策措施出台时，要召开不同范围、不同对象参加的座谈会、听证会、论证会，对决策事项进行深入讨论、交流协商，对需要进行公示的重大决策事项，要利用广播、电视、报刊、互联网等多种方式向社会及时公开，广泛听取群众意见和建议，使党的各项工作真正赢得

---

① 《毛泽东选集》（第1卷），人民出版社1991年版，第111页。
② 习近平：《谈谈调查研究》，《学习时报》2011年11月21日。

群众的理解、信任和支持。

习近平总书记指出："领导干部要带头调查研究，拿出一定时间深入基层，特别是主要负责人要亲自主持重大课题的调研，拿出对工作全局有重要指导作用的调研报告。"① 各级领导干部要集中各方面的意见，最终由领导集体决断，而在调查研究中，主要负责人深入实际，与各个方面都拥有共同经验，就更容易在领导集体中形成统一认识，更容易作出决定。20 世纪 60 年代初，为了应对当时国民经济的严重困难，全党开展大调研活动，各级领导机关的主要负责人都积极参与了调研，很快就形成了解决当时经济社会难题的正确决策，迅速扭转了困难局面。

知识链接

毛泽东关于"解剖麻雀"的著名论述

要争取和依靠农民，就要调查农村。方法是调查一两个或几个农村，花几个星期的时间，弄清农村阶级力量、经济情况、生活条件等问题。像党的总书记这样主要的领导人员，要亲自动手，了解一两个农村，争取一些时间去做，这是划得来的。麻雀虽然很多，不需要分析每个麻雀，解剖一两个就够了。总书记调查一两个农村，心中有数了，就可以帮助同志们去了解农村，弄清农村的具体情况。我看很多国家的党，总书记不重视解剖一两个"麻雀"，对农村懂是懂得一点，但是不深刻，因此，发出的指示不很符合农村情况。党的领导机关，包括全国性的、省的和县的负责同志，也要亲自调查一两个农村，解剖一两个"麻雀"。这就

---

① 习近平：《谈谈调查研究》，《学习时报》2011 年 11 月 21 日。

叫做"解剖学"。

调查有两种方法，一种是走马看花，一种是下马看花。走马看花，不深入，因为有那么多的花嘛。你们从拉丁美洲到亚洲来，是走马看花的。你们国家有那么多的花，看一看望一望就走，这是很不够的，还必须用第二种方法，就是下马看花，过细看花，分析一朵"花"，解剖一个"麻雀"。

——毛泽东：《我们党的一些历史经验》

习近平总书记指出："党政主要领导干部要以身作则，率先垂范。不仅要'身入'基层，更要'心到'基层，始终关心基层联系点，关心联系点的群众。"① 各级党政领导干部调查研究，不仅要"身入"，更要"心到"，通过面对面交流，直接了解群众的实际问题，要深入与工作密切相关的农村、社区、企业等基层单位，有选择地开展蹲点调研、解剖"麻雀"的调研，不打招呼、不要陪同，一竿子插到底，倾听群众心声，找准问题的症结。

四、坚持实事求是最需要解决的是党性问题

要做到始终坚持实事求是，离不开坚强的党性来支撑，广大党员干部党性越纯、党性越坚强，就越敢于坚持实事求是，坚持真理。正如 2021 年 9 月 1 日，习近平总书记在中央党校（国家行政学院）中青年干部培训班开班式上发表的重要讲话中所强调的："坚持从实际出发、实事求是，不只是思想方法问题，也是党性强不强问题。"

---

① 习近平：《谈谈调查研究》，《学习时报》2011 年 11 月 21 日。

"年轻干部要坚持以党性立身做事，把说老实话、办老实事、做老实人作为党性修养和锻炼的重要内容，敢于坚持真理，善于独立思考，坚持求真务实。"①

1. 树立正确的世界观人生观价值观

习近平总书记指出："领导干部一定要加强党性修养，坚持一切以人民利益和党的事业为重，这是坚持实事求是的思想基础。敢不敢坚持实事求是，考验着我们的政治立场，考验着我们的道德品质，始终是领导干部党性纯不纯、强不强的一个重要体现。要做到实事求是，不仅要有正确的思想方法和工作方法，还必须有公而忘私和不计个人得失的品格。所以，领导干部必须带头加强党性修养，带头践行全心全意为人民服务的根本宗旨，为了人民利益敢于坚持真理、修正错误，自觉为党分忧、为国尽责、为民奉献，以坚强的党性来保证做到实事求是。"② 也就是说，广大领导干部要做到实事求是，就必须坚定理想信念，加强党性修养，树立正确的世界观人生观价值观，就必须养成良好的品格，养成共产党员应有的"官德"。这种品格和德行就是公而忘私和不计个人得失。

所谓公而忘私，就是要把大多数人的利益放在前、把个人的私利放在后，就是要"先天下之忧而忧，后天下之乐而乐"，舍小家为大家。共产党人是没有自己的特殊利益的，它始终代表的是最广大无产阶级的利益。《共产党宣言》中明确写道："共产党人不是同其他工人政党相对立的特殊政党。他们没有任何同整个无产阶级的利

---

① 《信念坚定对党忠诚实事求是担当作为 努力成为可堪大用能担重任的栋梁之才》，《人民日报》2021年9月2日。
② 习近平：《坚持实事求是的思想路线》，《学习时报》2012年5月28日。

益不同的利益。"① 党员干部能否做到不计个人得失，反映的是一个人的政绩观，取决于个人是坚持人民利益至上还是个人得失至上。事实上，有的人为了谋取自己的私利，有可能罔顾事实甚至颠倒黑白，这就会造成公共利益的受损。对此，习近平总书记强调："干事创业一定要树立正确政绩观，做到'民之所好好之，民之所恶恶之'。要求真务实、真抓实干，做工作自觉从人民利益出发，决不能为了树立个人形象，搞华而不实、劳民伤财的'形象工程'、'政绩工程'。"②

　　要重"显绩"，更要重"潜绩"。"潜"与"显"是对立统一的一对矛盾。"潜"是"显"的基础，"显"是"潜"的结果，后人的工作总是建立在前人基础之上的，如果大家都不去做铺路石，甘于默默无闻地奉献，"显绩"就无从谈起，就成了无本之木、无源之水，即使有"显绩"，充其量也只是急功近利的"形象工程"。习近平总书记 2005 年在浙江日报《之江新语》专栏发表的《"潜绩"与"显绩"》这篇文章中指出："一定要树立正确的政绩观，多做埋头苦干的实事，不求急功近利的'显绩'，创造泽被后人的'潜绩'。"③ 领导干部必须牢固树立正确政绩观，既要做让老百姓看得见、摸得着、得实惠的实事，也要做为后人作铺垫、打基础、利长远的好事，既要做显功，也要做潜功。福建东山县委书记谷文昌之所以一直受到广大干部群众的敬仰，是因为他在任时不追求轰轰烈烈的"显绩"，而是默默无闻地奉献，带领当地干部群众通过十几年的努力，在沿海建成了一道惠及子孙后代的防护林，在老百姓心中

---

① 《马克思恩格斯选集》（第 1 卷），人民出版社 2012 年版，第 413 页。
② 《习近平谈治国理政》（第 2 卷），外文出版社 2017 年版，第 144 页。
③ 习近平：《之江新语》，浙江人民出版社 2007 年版，第 108 页。

树起了一座不朽的丰碑。这种"潜绩",是最大的"显绩"。

习近平总书记反复强调,我们要牢记一个道理,政贵有恒。为官一方,为政一时,当然要大胆开展工作、锐意进取,同时也要保持工作的稳定性和连续性。习近平总书记表示,要抓实、再抓实,不抓实,再好的蓝图只能是一纸空文,再近的目标只能是镜花水月。各级领导干部要以踏石留印、抓铁有痕的劲头,切实干出成效来,做到言必信、行必果。任务一经确定,就要一步一个脚印、稳扎稳打向前走,不断积小胜为大胜,结合新的实际,用新的思路、新的举措,脚踏实地把既定的科学目标、好的工作蓝图逐步变为现实。

各级领导干部要有"功成不必在我"的思想境界,始终坚持为人民谋利益的政绩观,要从战略全局高度,谋长远之策,行固本之举,正确处理大我和小我的关系,长远利益、根本利益和个人抱负、个人利益的关系,多做打基础、利长远的事,不搞脱离实际的盲目攀比,不搞劳民伤财的"形象工程"和"政绩工程",真正做到对历史和人民负责。

2. 坚决反对主观主义、形式主义、教条主义、官僚主义

坚持按客观规律办事,反对主观主义。毛泽东指出:"这种反科学的反马克思列宁主义的主观主义的方法,是共产党的大敌,是工人阶级的大敌,是人民的大敌,是民族的大敌,是党性不纯的一种表现。"主观主义的实质就是经验主义,不是从事物的本来面目出发,而从主观经验出发分析问题解决问题。唯物论要求我们,要坚持实事求是,就必须按照客观事物的本来面目来分析问题和解决问题,一切从实际出发,避免主观主义。可以说,能否坚持实事求是,能否按客观规律办事,这是决定我们的工作特别是领导工作有无主动权和得失成败的关键所在。

坚持在"务实"上做文章，反对形式主义。习近平总书记指出："形式主义实质是主观主义、功利主义，根源是政绩观错位、责任心缺失，用轰轰烈烈的形式代替了扎扎实实的落实，用光鲜亮丽的外表掩盖了矛盾和问题。"要从根本上破除形式主义，就必须始终坚持实事求是的工作要求，坚持问题导向，多注重一些内容，少在意一些形式，求真务实做事，踏踏实实做人。要牢固树立和落实群众观点和群众路线，既要用心，也要用情，更要用实际行动，去倾听群众的呼声、了解群众的需要、解决群众的困难，让群众感受到新变化、新成效，实现并维护好最广大人民根本利益。空谈误国，实干兴邦。我们的所有成就都是干出来的。这里的关键，就是始终注重抓落实。如果落实工作抓得不好，再好的方针、政策、措施也会落空，再伟大的目标任务也实现不了。

坚持理论联系实际，反对教条主义。教条主义又称本本主义，其危害就是理论与实践脱离。唯物辩证法告诉我们，必须用发展的眼光看问题，做到"一把钥匙开一把锁"，因地制宜、对症下药，不能简单地教条主义照抄照搬，更不能简单化一刀切地分析问题、解决问题。在具体工作中，采取什么样的方法和方略，不能唯书唯上，而是需要根据唯物辩证法，坚持理论联系实际，具体问题具体分析，审时度势，因时而异，因势利导，因地制宜。也就是说，我们在认识事物的时候，要始终坚持具体问题具体分析的基本原则，把分析问题和解决问题的整个过程都放到具体事物的具体条件中去考察，避免教条主义的"刻舟求剑"式的思维方式。

坚持自我革命，反对官僚主义。官僚主义最大的危害便是脱离群众。密切联系群众是中国共产党最大的政治优势，但仍有一些党员干部眼睛只向上看，不向下看，远离群众，脱离群众，对群众疾

苦视若无睹，对群众利益麻木不仁，严重影响了党群干群关系的和谐，其实质就是官僚主义作风在作怪。我们要充分认识到官僚主义作风的危害，持之以恒正风肃纪，坚决反对一切官僚主义。各级党组织要坚持以上率下，从自身做起，勇于自我革命，自觉摒弃官僚主义的陈规陋习和错误思想，对那些敢于触碰纪律"红线"，特别是顶风违反政治纪律、政治规矩的党员干部严肃问责，使全体党员知敬畏、存戒惧、守底线，使得党不断自我净化、自我完善、自我革新、自我提高，保持党的先进性和纯洁性。

3. 注重真抓实干

"实"，指实际、实话、实干、实效等，跟"虚""空"相对。汉朝荀悦就说过，"不爱虚言，不听浮术，不采华名，不兴伪事"。"务实"首先是指要务实际，即深入实际，了解实际，一切从实际出发，不凭想当然、主观臆断办事；其次是指不做虚功，脚踏实地，付诸实践，踏踏实实地做事；最后是指要务实效，即不耍花架子，不做表面文章，不弄虚作假，务必取得实实在在的成果与绩效。务实效是务实际和务实干的标志与落脚点。

真抓实干是马克思主义者与马克思主义政党的精神标识。邓小平在改革之初就告诫全党："世界上的事情都是干出来的，不干，半点马克思主义都没有。"① 真抓实干既是马克思主义实践逻辑的必然要求，更是任何一个国家谋进步、图发展的必要条件。而丰硕的果实又通常与艰巨的历史任务随行相伴。这就决定了伟大胜利不可能是轻轻松松，而必然是需要付出长期不懈甚至艰苦卓绝的奋斗。正如习近平总书记所指出的："实现中华民族伟大复兴是一项光荣而艰巨的事

---

① 《邓小平文选》（第 2 卷），人民出版社 1994 年版，第 221 页。

业，需要一代又一代中国人共同为之努力。空谈误国，实干兴邦。"①

"真抓实干"一直都是中国共产党的优良传统。长期以来，中国共产党在革命、建设、改革各个历史时期的所有成就，都是实干出来的。中国的国家独立与民族解放，是无数革命先辈一枪一弹打下来的；社会主义的宏伟大厦，也是无数劳动者一砖一瓦垒起来的。我们靠着"节衣缩食、勒紧裤带"的实干精神，在一穷二白的新中国建立起完整的工业体系；鼓起"杀出一条血路"的改革勇气，用短短几十年走过西方国家几百年的现代化历程。饱经沧桑的中国共产党之所以能走出苦难、走向辉煌，靠的不是空想清谈，而是实干苦干。正是因为一代一代中国共产党人的埋头苦干和接力奋斗，中华民族的伟大复兴才展现出如此光明的前景，伟大的中国梦才越来越接近实现。实践证明，唯有实干，宏伟目标才能变为现实；唯有实干，党的各项方针政策才能落到实处。前事不忘，后事之师。中国发展已经进入新时代，国家和社会的全面改革已经上路，与其高谈阔论指点江山，不如继承真抓实干的优良传统，把求真务实的精神置于心中。如果落实工作抓得不好，再好的方针、政策、措施也会落空，再伟大的目标任务也实现不了。

延伸阅读

1. 毛泽东：《反对本本主义（1930 年 5 月）》，《毛泽东选集》（第 1 卷），人民出版社 1991 年版，第 109—118 页。

2. 习近平：《谈谈调查研究》，《学习时报》2011 年 11 月 21 日。

---

① 《习近平谈治国理政》（第 1 卷），外文出版社 2018 年版，第 36 页。

3. 习近平：《坚持实事求是的思想路线》，《学习时报》2012 年 5 月 28 日。

1. 结合实际，谈一谈如何理解坚持一切从实际出发，是我们想问题、作决策、办事情的出发点和落脚点。

2. 结合实际，谈一谈如何理解调查研究是做好领导工作的一项基本功。

3. 结合工作实际，谈一谈你对习近平总书记这句话的理解："坚持从实际出发、实事求是，不只是思想方法问题，也是党性强不强问题。从当前干部队伍实际看，坚持实事求是最需要解决的是党性问题。"

第三章

勇于担当作为

经典语录

温室里长不出参天大树，懈怠者干不成宏图伟业。广大党员、干部要在经风雨、见世面中长才干、壮筋骨，练就担当作为的硬脊梁、铁肩膀、真本事，敢字为先、干字当头，勇于担当、善于作为，在有效应对重大挑战、抵御重大风险、克服重大阻力、解决重大矛盾中冲锋在前、建功立业。

——2020年1月8日，习近平在"不忘初心、牢记使命"
主题教育总结大会上的讲话

2021 年 9 月 1 日，习近平总书记在中共中央党校（国家行政学院）中青年干部培训班开班式上强调："干事担事，是干部的职责所在，也是价值所在。党把干部放在各个岗位上是要大家担当干事，而不是做官享福。"① 就在两年前，同样是在中青班的开班式上，习近平总书记深刻指出："能否敢于负责、勇于担当，最能看出一个干部的党性和作风。"② 习近平总书记对"敢于负责、勇于担当"的着重强调，说明了肯干事、勇担当不是一个留有余地、可有可无的问题，而是一个关乎领导干部的党性和职责的根本问题，干事担事是领导干部不容置疑、不容推诿、不容怠惰的责任与使命。

党的十八大以来，中国特色社会主义事业进入新时代。新时代是属于奋斗者的时代，是无数奋斗者栉风沐雨、朝乾夕惕，奋力实现中华民族伟大复兴的时代。伟大复兴从来不是轻轻松松、敲锣打鼓就能实现的。要实现伟大复兴，必须有"肯干事、勇担当"的实干精神，要敢于直面风险和挑战，用敢为人先的气魄、坚韧不拔的意志和知重负重的精神战胜前进道路上的一切艰难险阻，创造出经得起人民检验、历史检验和实践检验的伟大功绩。

一、干事担事是干部的职责所在

从事任何工作，首先需要解决的便是"我是谁"这一问题，因

---

① 《信念坚定对党忠诚实事求是担当作为 努力成为可堪大用能担重任的栋梁之才》，《人民日报》2021 年 9 月 2 日。

② 《习近平谈治国理政》（第 3 卷），外文出版社 2020 年版，第 522 页。

为只有弄清了"我是谁",才能够明确需要承担的责任、需要完成的任务以及需要服务的人群。马克思在《关于费尔巴哈的提纲》中指出:"人的本质不是单个人所固有的抽象物,在其现实性上,它是一切社会关系的总和。"① 一个人肩负着怎样的责任,关键要看他承担着怎样的社会关系,具有怎样的社会身份。党的领导干部作为社会主义建设事业的骨干人员,至少承担着三重社会关系,对应着三种社会身份。第一,党的领导干部是信仰共产主义的马克思主义者,以共产主义远大理想和中国特色社会主义共同理想作为人生最高的奋斗目标,就共产党人的信仰而言,党的领导干部肩负着共产党人"改变世界"的根本职责。第二,党的领导干部是新时代中国特色社会主义的中坚力量,是团结带领全国各族人民实现国家富强、民族复兴的领导力量,党的领导干部肩负着中华民族伟大复兴的历史使命。第三,党的领导干部始终是人民的公仆,干部手中的权力是由人民赋予的,应当坚持权为民所用、情为民所系、利为民所谋,领导干部肩负着人民群众对美好生活的殷切期望。曾子曰:"士不可以不弘毅,任重而道远。仁以为己任,不亦重乎?死而后已,不亦远乎?"② 干部身上的职责不可谓不重,践行马克思主义、实现民族复兴、满足人民需求,这三件事有哪一件可以回避?有哪一件可以掩盖?又有哪一件可以推辞呢?只有倾听问题、直面问题,进而实心实意地解决问题,才能够答时代之问,促历史发展。

1. 践行马克思主义必须干事担事

马克思主义不是书斋中的理论,而是实践的理论,实践的观点是马克思主义首要的、基本的观点。正如马克思所指出的:"全部社

---

① 《马克思恩格斯文集》(第1卷),人民出版社2009年版,第505页。
② 朱熹:《四书章句集注·论语集注》,中华书局2011年版,第100页。

会生活在本质上是实践的"，"哲学家们只是用不同的方式解释世界，问题在于改变世界。"① 马克思主义追求人类解放和全面自由发展的崇高理想是在不断的革命性历史实践中实现的，除了将共产主义看作对理想社会的一种展望和设想，更重要的还在于把它当成革命性实践运动来理解。

信仰马克思主义，就意味着干事担事，否则就丧失了共产党员的实践品格。马克思和恩格斯在《德意志意识形态》中说："对实践的唯物主义者即共产主义者来说，全部问题都在于使现存世界革命化，实际地反对并改变现存的事物。"② 任何美好的理想都不会自动地成为现实，最虔诚的基督徒也祈祷不来天国降临的那一天。靠祈祷或等待去实现理想是缘木求鱼、本末倒置，我们中国共产党是坚持"实践第一"的政党，中国共产党在团结带领中国人民追求共产主义伟大理想的过程中，始终牢牢立足于中国的具体国情，脚踏实地、攻坚克难，用最现实的手段追求人的解放和发展。

中国共产党不是只重视实践、不重视理论，恰恰相反，中国共产党始终坚持理论与实践相结合，在实践中探求理论，在实践中检验理论，在实践中修正和发展理论。正如马克思所指出的："批判的武器当然不能代替武器的批判，物质力量只能用物质力量来摧毁；但是理论一经掌握群众，也会变成物质力量。"③ 理论作为一种精神力量，在被群众掌握进而转化为现实的物质力量之前，并不能产生改变世界的作用。思想的先导如同冲锋的号角，只吹响它是不够的，还需要无数战士在号角引领下冲锋向前才能取得最终的胜利。只谈

---

① 《马克思恩格斯选集》（第1卷），人民出版社2012年版，第135—136页。
② 《马克思恩格斯文集》（第1卷），人民出版社2009年版，第527页。
③ 《马克思恩格斯文集》（第1卷），人民出版社2009年版，第527页。

事不干事就像只有冲锋的号角而没有冲锋的行动，这样的做法只会被动挨打。只干事不担事就像让别人冲锋在前，自己躲在盾橹之后远离箭矢，这样的做法一遇强敌便会溃败。

每一代人都内嵌于一定的时代之问中，任何人都无法脱离既得的物质条件和社会矛盾而存在。共产党人以"改变世界"为己任，不是出于共产党人的一厢情愿，而是出于生活在现存世界中的人们仍然受到自然力量、社会力量和意识形态力量的支配，是因为以往先进的生产关系终究要变成无法容纳新的生产力的旧秩序，是因为以往促进社会发展的社会制度终究要变成阻碍历史进步的牢笼。共产党人要做的就是冲破桎梏、打碎牢笼，秉持奋斗之道和实干之理，以不断的革命性实践推动社会历史向前发展。

2. 实现民族复兴必须干事担事

中国共产党自诞生之日起，就肩负起了实现民族复兴这一神圣伟大的历史使命，历经革命、建设和改革，终于开创了中国特色社会主义理论，走出了中国特色社会主义道路，建立了中国特色社会主义制度，坚持和发展了中国特色社会主义文化，我们也因此前所未有地接近中华民族伟大复兴的中国梦。站在新的历史方位上，与民族复兴的光明前景相伴随的是一副沉甸甸的担子。为了实现民族复兴，中国共产党人不仅要干事担事，更要将事干好、将责任担好，否则就要被历史的重担压垮。

习近平总书记指出："当今世界正经历百年未有之大变局，国际形势复杂多变，改革发展稳定、内政外交国防、治党治国治军各方面任务之繁重前所未有，我们面临的风险挑战之严峻前所未有。"①

---

① 《习近平谈治国理政》（第3卷），外文出版社2020年版，第112页。

习近平总书记用"两个前所未有"总结了中国当前所面临的严峻复杂局势。从国际形势来看，当今世界格局正在进行深度调整，全方位综合国力竞争日趋激烈，我们面临的经济安全、政治安全、文化安全、军事安全、网络安全问题更加突出，维护和拓展国家战略利益的任务更加艰巨。从国内形势来看，当代中国正处于爬坡过坎的紧要关口，进入发展关键期、改革攻坚期、矛盾凸显期，许多问题相互交织、叠加呈现。我们党面临的"四大考验"长期而艰巨，面临的"四大危险"尖锐而严峻。种种挑战说明，中华民族实现伟大复兴的道路绝不是一帆风顺的，而是处处艰难险阻、遍地荆棘陷阱，稍有不慎便满盘皆输。因此，一切贪图享受、消极懈怠、回避挑战的行为不仅是错误的，而且是危险的。

习近平总书记在庆祝中国共产党成立100周年大会上庄严宣告："经过全党全国各族人民持续奋斗，我们实现了第一个百年奋斗目标，在中华大地上全面建成了小康社会，历史性地解决了绝对贫困问题，正在意气风发向着全面建成社会主义现代化强国的第二个百年奋斗目标迈进。"① 时至今日，全面建成小康社会的第一个百年奋斗目标业已完成，伟大的中国共产党和英雄的中国人民将绝对贫困丢进了历史的垃圾堆。为什么困扰中国大地几千年的绝对贫困问题能够被中国共产党彻底解决呢？这显然不能完全归功于生产力的发达。因为按照市场机制，社会资源的配置与流动是受到不同行业平均利润率影响的，资本的逐利本性使社会资源不断从基础设施落后、营商条件恶劣的地区流向基础设施完善、利于资本积累的地区，因此就造成了城乡差距、地区差距和人群收入差距的扩大，而被完全

---

① 习近平：《在庆祝中国共产党成立100周年大会上的讲话（2021年7月1日）》，人民出版社2021年版，第2页。

排斥在市场机制以外的地区就成了集中连片的特困地区。因此，无论生产力发生怎样质的飞跃，只要社会资源遵循市场机制进行自然的流动和配置，那么绝对贫困就永远无法消除。实际上，全面建成小康社会是中国共产党遵循社会主义的本质规定，逆着资本逻辑，以强大的理论底气和坚决的实践勇气创造的人类历史上前所未有的奇迹。这种奇迹是如何创造的呢？是在以习近平同志为核心的党中央的带领下，由无数扶贫干部本着求真务实、真抓实干的精神，秉承"看真贫、扶真贫、真扶贫"的原则，经过埋头苦干，步步为营，啃遍全国所有贫困地区的"硬骨头"而创造的。许多扶贫干部如黄文秀甚至将自己宝贵的生命永远地留在了田间乡野和大山深处。

知识链接

"全国优秀共产党员"黄文秀

年轻的共产党员黄文秀，生前系广西壮族自治区百色市委宣传部理论科副科长、百色市乐业县新化镇百坭村党支部第一书记。2019年6月16日，黄文秀同志利用周末回田阳县看望病重手术不久的父亲后，因遇暴雨，她心系所驻村群众的生命财产安全，连夜开车返回工作岗位，途中遭遇山洪暴发不幸遇难，年仅30岁。这位在习近平新时代中国特色社会主义思想教育指引下成长起来的优秀青年代表，是"不忘初心、牢记使命"的先进典型。她把扶贫之路作为"心中的新长征"，是在脱贫攻坚一线挥洒血汗、忘我奉献的基层党员干部的缩影。

当前，中华民族伟大复兴已经进入关键期，我们已经踏上了实现第二个百年奋斗目标的新征程。路漫漫其修远兮，第二个百年奋斗目标只会比第一个百年奋斗目标更加困难、更加艰巨，越是接近民族复兴越不会一帆风顺，越充满风险挑战乃至惊涛骇浪。广大领导干部必须学习和发扬扶贫干部身上"敢于负责、勇于担当"的精神，劈波斩浪、笃定前行，担当起实现中华民族伟大复兴的历史使命。

3. 满足人民需求必须干事担事

中国共产党是中国工人阶级、中国人民和中华民族的先锋队，中国共产党始终代表最广大人民的根本利益。正如习近平总书记在党的十九大报告中所说的："人民是历史的创造者，是决定党和国家前途命运的根本力量。必须坚持人民主体地位，坚持立党为公、执政为民，践行全心全意为人民服务的根本宗旨，把党的群众路线贯彻到治国理政全部活动之中，把人民对美好生活的向往作为奋斗目标，依靠人民创造历史伟业。"① 马克思主义博大精深，归根到底就是为人类求解放。我们只有始终站在人民的立场上，想人民之所想、急人民之所急，担当起为人民群众服务的责任，行使好人民群众赋予的权力，才能够真正做到聚民心、集民智、得民力，得到人民群众的拥护、爱戴与支持。

习近平总书记在党的十九大报告中指出："中国特色社会主义进入新时代，我国社会主要矛盾已经转化为人民日益增长的美好生活需要和不平衡不充分的发展之间的矛盾。"② 经过改革开放40多年的发展，我国已稳定解决了十几亿人的温饱问题。诚如马克思、恩格

---

① 《习近平谈治国理政》（第3卷），外文出版社2020年版，第16—17页。
② 《习近平谈治国理政》（第3卷），外文出版社2020年版，第9页。

斯所说，"全部人类历史的第一个前提无疑是有生命的个人的存在"①，满足人民群众衣、食、住、行等基本物质需要当然是社会生产的首要任务。但是，随着社会生产力的不断发展，人们不再满足于简单的有饭吃、有衣穿、有房住、有车坐，而是想着吃得更好、穿得更美、住得更舒适、行得更便捷，对教育、就业、收入、医疗、消费等物质生活方面的需求有了更高的标准。除了对物质生活提出了更高要求，人民群众在民主、法治、公平、正义、安全、环境等方面的要求也日益增长，而这些恰恰是我国社会发展中的短板和亟待解决的问题。

因此，要坚持以人民为中心的发展思想，就必须有"肯干事"的干事意愿与工作态度，勇于担负起对人民的责任。要补齐短板、保障民生，不断满足人民群众日益增长的美好生活需要，做好做实人民群众关心的事情，带领人民群众不断创造更美好的生活。共产主义是以实现人的全面自由发展为原则的历史性实践过程，中国共产党人干事创业、不懈奋斗，努力为人民群众提供更好的教育、更满意的收入、更可靠的社会保障、更平等的社会地位、更优美的自然环境、更丰富的精神文化生活，这本身就是在实现共产主义。

二、做好工作都要担当作为

干事担事不仅是领导干部肩负的责任，还是做好一切工作的必要条件。习近平总书记深刻指出："不担当不作为，不仅成不了事，而且注定坏事、贻误大事。"② 为了不出事，宁可不干事，结果必然

---

① 《马克思恩格斯文集》（第 1 卷），人民出版社 2009 年版，第 519 页。
② 《习近平谈治国理政》（第 3 卷），外文出版社 2020 年版，第 542 页。

是一事无成，轻则贻误发展时机，损害人民群众的合法权益；重则纵容违纪违法，给党和国家的事业带来巨大破坏，给党和国家的形象造成恶劣影响。

老子有言：无为而无不为。这里的"无为"是指不瞎折腾、不乱作为，而不是推卸责任、明哲保身。拿道家的"无为而治"当不作为的借口，是一种不学无术的做法。习近平总书记反复强调："为官避事平生耻。干部就要有担当，有多大担当才能干多大事业，尽多大责任才会有多大成就。"① 每一个共产党员在入党之时都会庄严宣誓："对党忠诚，积极工作，为共产主义奋斗终身，随时准备为党和人民牺牲一切。"为什么一些党员在走上领导岗位之后就瞻前顾后、畏首畏尾，甘愿做起"太平官"，不想为党和人民奉献终身了呢？说到底，是因为把个人利益看得太重，把党和人民的利益看得太轻，为了保官帽子，忘记了组织的信任和人民的重托。然而，中国共产党是为人民谋幸福的政党，除了最广大人民群众的根本利益，中国共产党没有任何特殊利益。这就决定了党的一切工作都是为满足人民群众的需求而进行，为维护人民群众的利益而开展。因此，一个不干事、不担事，追求个人利益超过人民利益的干部当然做不好工作、谋不成发展、推不动改革。

1. 无所作为，一切成绩都无从谈起

一部中国共产党的历史，就是无数仁人志士为实现中华民族伟大复兴抛头颅洒热血的奋斗史。一代又一代的中国共产党人团结带领英勇的中国人民披肝沥胆、砥砺前行，战胜了前进道路上的一个又一个困难，使久经磨难的中华民族迎来了从站起来、富起来到强

---

① 《习近平谈治国理政》（第 2 卷），外文出版社 2017 年版，第 145 页。

起来的伟大飞跃。这些彪炳史册的伟大成就不是从天上掉下来的，而是经过长期艰苦的奋斗干出来的。历史雄辩地证明，如果广大党员干部不担当作为、不干事创业，那么一切成就都无从谈起，民族复兴也就成了空头支票。

为什么共产党员，尤其是领导干部必须担当、必须作为呢？因为历史一再证明，中国这样一个大国，最怕的就是一盘散沙，除了中国共产党，没有任何一个政治组织能够把中国各地区、各民族十几亿人的力量凝聚起来。中国共产党是工人阶级的先锋队，是中国人民和中华民族的先锋队，是中国特色社会主义事业的领导核心。领导干部是共产党员中的领头羊和排头兵，是治国理政的中坚和骨干力量，是中国特色社会主义现代化建设的组织者、推动者和实践者。中国特色社会主义事业究竟能不能成功，很大程度上取决于领导干部这一"关键少数"行不行。习近平总书记指出："领导机关是国家治理体系中的重要机关，领导干部是党和国家事业发展的'关键少数'，对全党全社会都具有风向标作用。"[1] 《大学》有云："上老老而民兴孝，上长长而民兴悌，上恤孤而民不悖。"[2] 领导干部发挥着以上率下的垂范作用，只有带头冲在前、干在先、作表率、打头阵，才能团结带领人民群众不断开创各项事业发展新局面。

习近平总书记指出："面对工作难题，要有明知山有虎、偏向虎山行的劲头，积极寻找克服困难的具体对策，豁得出来、顶得上去，真正成为带领人民群众战风险、渡难关的主心骨。"[3] 事业成功的原因有很多，领导干部敢担当敢作为是其中的重要因素。一个地方的

---

① 《习近平谈治国理政》（第3卷），外文出版社2020年版，第544页。
② 朱熹：《四书章句集注·大学章句》，中华书局2011年版，第11页。
③ 《习近平谈治国理政》（第2卷），外文出版社2017年版，第146页。

政治生态好不好，和高级干部特别是"一把手"的行为或作风密切相关，"一把手"管党治党不力、不敢担当作为，就挺不直腰杆，就不敢抓、不敢管，就没有底气去要求他人服从命令、积极投入。党员领导干部只有带头走正路、干实事、担重责，才能一级做给一级看、一级带着一级干，才能构建人人干事、人人担责的良好政治生态，才能形成合力把工作做好。

2. 消极懈怠，已有的成就也将付诸东流

许多党员干部将自己定位成守业人，抱着"当一天和尚撞一天钟"的心态，日复一日重复着昨天的故事，认为只要完成规定动作，自己就算履行了职责；只要守好自己的一亩三分地，自己就是一个合格的党员。这种观点从逻辑上和事实上都是错误的，只想守业不想创业，其结果必然是连守业都做不到。唯有干事创业才能守住已有的成果，唯有担当作为才不至于让已有的成就付诸东流。

"凡有限之物莫不扬弃其自身"①，这是辩证法的灵魂和根本规定。它是万事万物遵循的根本逻辑，辩证法揭示了现存世界中的一切存在都是有限之物，都是暂时性的存在、有生灭变化的存在。有限之物的变化过程是一个扬弃的过程，是一个在肯定之中又包含否定、不断突破自身的极限向对立面转化的过程。《老子》有言："反者，道之动。"② 随着时间的推移，过去合理的东西就会变得不合理，过去有效的方法就会失去有效性。新事物取代旧事物是亘古不变的法则。有的领导干部一味求稳，消极应付、不思进取，他们忘记了发展才是硬道理，离开了发展，越求稳越让事物变得僵化保守，让自己固守的东西失去生命力，也就根本不可能稳定。正如习近平

---

① 黑格尔：《小逻辑》，商务印书馆 2016 年版，第 177 页。
② 〔魏〕王弼注，楼宇烈校：《老子道德经注》，中华书局 2011 年版，第 113 页。

总书记所指出的，"稳中求进不是无所作为，不是强力维稳、机械求稳，而是要在把握好度的前提下有所作为，恰到好处"①。因此，在坚持和发展中国特色社会主义的过程中，强调发展不是不要稳定，强调稳定也不是忽视发展，而是在保持稳定的前提下促进发展，用发展的办法维护稳定。党员领导干部不能只当守业人，还要当好创业者，能创业方能守业，能主动求变方能屹立不倒。

在历史上，由于"关键少数"不担当作为、不思进取、不事改革，导致发展停滞、国家混乱甚至人亡政息的例子不胜枚举。《明史》记载："故论者谓明之亡，实亡于神宗，岂不谅欤。"② 明神宗朱翊钧10岁即位，当政初年十分勤政，毫无懈怠之意，国内经济稳步提升，对外征战捷报连连。然而到了后期，朱翊钧突然倦于朝政，20余年不上朝，导致朝廷几乎停摆，宫中宦官当权，国家发展陷于停滞，甚至濒临崩溃。就算末代皇帝崇祯上位之后，立即进行大刀阔斧的改革，但也为时已晚，朱翊钧的不作为使明朝的灭亡早已变得不可挽回。这便是史学界一直流传的观点——"明实亡于万历"的出处。与这一说法类似的，还有同样由于拒斥改革，无所作为，导致苏联发展陷入停滞的"苏联实亡于勃列日涅夫"一说。

由此可见，懒政怠政的危害不亚于恶政和苛政，它是腐蚀和侵害党的肌体的慢性病，一旦任其发展不予重视，便会让党和国家的事业病入膏肓。辩证法是冷冰冰的，历史不会给任何人重新来过的机会，党员领导干部必须走出故步自封的舒适圈，直面困难、勇挑

---

① 《就当前经济形势和下半年经济工作 中共中央召开党外人士座谈会》，《人民日报》2017年7月25日。

② 《光宗》，《明史》卷二十一，中华书局1974年版，第294页。

重担，不断推进中国特色社会主义事业向前发展。

3. 挑挑拣拣，既误了事业也误了自己

一些领导干部虽然也能干事、担担子，但是总喜欢推诿扯皮、挑挑拣拣，担子拣轻的挑，遇到困难绕路而行，面对危机惊慌失措。处理日常工作尚能兢兢业业，一到动真碰硬的时候就畏缩不前，这种行为说到底还是没能将担当作为真正落到实处。能否在日常工作中担当作为、克服困难，检验的是领导干部的底色；能否在要害关头挺身而出、化解危机，检验的是领导干部的成色。习近平总书记指出："保持斗争精神，敢于直面风险挑战，知重负重、攻坚克难，以坚忍不拔的意志和无私无畏的勇气战胜前进道路上的一切艰难险阻；在实践历练中增长经验智慧，在经风雨、见世面中壮筋骨、长才干。"[①] 在新时代，领导干部只有挑重担子才能有所成就、有所提高，挑挑拣拣，既误了事业也误了自己。

之所以要挑重担子，首先是因为没有多少轻担子可挑。全面深化改革已进入深水区，需要解决的问题异常困难艰巨，党面临的考验和危险也越发复杂严峻。改革开放 40 多年来，中国特色社会主义事业取得了举世瞩目的成就，贫穷落后的中国大地发生了翻天覆地的变化。我们用几十年的时间走过了西方国家几百年的现代化历程。但是，过快的增长速度也积累下了大量的社会问题，这些问题不仅遍及社会生活的方方面面，而且相互关联、相互渗透、相互影响、相互作用，解决起来不仅艰难复杂，而且牵一发而动全身。《老子》有言："天下难事必作于易，天下大事必作于细。"[②] 过去的 40 多年，细事和易事几乎都做完了，剩下的都是难啃的"硬骨头"。过

---

① 《习近平谈治国理政》（第 3 卷），外文出版社 2020 年版，第 524 页。
② 〔魏〕王弼注，楼宇烈校：《老子道德经注》，中华书局 2011 年版，第 169 页。

去担担子还可能"不动筋骨",如今担担子很可能"伤筋动骨"。但是,中国共产党不正是在一次次攻坚克难中,跨过无数荆棘与沟坎,取得一个又一个胜利的吗?社会总是在矛盾的实践运动中前进的,随着新时代背景下中国逐渐从富起来向强起来的道路转变,必然会出现新的问题、新的挑战和新的矛盾,也必然有新的斗争。中国共产党人正是靠勇担重担一步步走到了今天,也一定能够担起、担好新时代的重担,战胜前进道路上的艰难险阻,一步步走到明天。

对于领导干部来说,之所以要勇担重担,还在于通过挑重担增长才干、增强本领。习近平总书记强调:"要坚持在重大斗争中磨砺,越是困难大、矛盾多的地方,越是形势严峻、情况复杂的时候,越能练胆魄、磨意志、长才干。"[1] 与其他困难相比,危机具有突发性、高风险性、不确定性等典型特征,它既是拦路石,又是试金石,还是垫脚石。正如孟子所说:"天将降大任于斯人也,必先苦其心志,劳其筋骨,饿其体肤,空乏其身,行拂乱其所为,所以动心忍性,曾益其所不能。"[2] 领导干部增长才干、增强本领不是嘴上说说就能行的,也不是在课堂上听几节党课就能习得的。没有在困难和绝境之中感悟与体会,就无法洞察当下面对的局势,就无法预见可能出现的情况,就无法决断需要采取的策略。功夫须在事上磨,想要打造一幅"钢筋铁骨",就要挑最重的担子、啃最硬的骨头,要在重大斗争中经受磨练、经历考验,进行严格的思想淬炼、政治历练和实践锻炼。

---

① 《习近平谈治国理政》(第 3 卷),外文出版社 2020 年版,第 227 页。
② 朱熹:《四书章句集注·孟子集注》,中华书局 2011 年版,第 325 页。

三、担当和作为是一体的

习近平总书记强调："担当和作为是一体的，不作为就是不担当，有作为就要有担当。做事总是有风险的。正因为有风险，才需要担当。"① 习近平总书记从哲学高度深刻地阐释了作为与担当的辩证关系，揭示了作为与担当是一对相互贯通、不可分割的范畴。正如有因必有果，有作用力必有反作用力一样，有作为必有责任，有责任必有担当。不作为是不担当，假作为、乱作为同样是不担当。党员领导干部只有知责于心想干事、担责于身干实事、履责于行干成事才是真担当、真作为。

1. 严戒不作为，勿做"太平官"

作为党的领导干部，有知识、有能力固然重要，但更为关键的是有魄力、有勇气、有胆识。没有勇气、不去实干，那么即使再有能力和想法，也不过是一套自我安慰的说辞。习近平总书记指出："一些领导干部不思进取、为官不为，抱着'当一天和尚撞一天钟'的心态，只要不出事，宁愿不做事，满足于做四平八稳的'太平官'。这种认识是错误的。"② 要干出一番事业，就必须敢于直面困难，敢于迎难而上，不为任何风险所惧，不为任何干扰所惑，脚踏实地抓工作，锲而不舍创实绩，绝不能做饱食终日、无所用心、明哲保身、得过且过的"老好人""太平官"。

邓小平在南方谈话中指出："改革开放胆子要大一些，敢于试

① 《信念坚定对党忠诚实事求是担当作为 努力成为可堪大用能担重任的栋梁之才》，《人民日报》2021 年 9 月 2 日。

② 《习近平谈治国理政》（第 2 卷），外文出版社 2017 年版，第 146 页。

验，不能像小脚女人一样。看准了的，就大胆地试，大胆地闯。"①
人的认识总是有限的，不可能在事情发生之前就穷举出所有可能出
现的情况。因此，做任何事都不会有百分之百的把握，更何况是中
国特色社会主义这一涉及发展全局的宏大事业呢？成功是试出来的、
闯出来的，不是盼出来的、等出来的，没有一点闯的精神，中国特
色社会主义便会止步不前。在 1978 年，安徽省凤阳县小岗村的 18
户村民抱着必死的决心签署了"分田到户"的协议，由此拉开了中
国农村政策改革的序幕。在这份协议上写着："我们分田到户，每户
户主签字盖章，如以后能干，每户保证完成每年全年上交和公粮，
不再向国家伸手要钱要粮；如不成，我们干部坐牢杀头也甘心，大
家社员也保证把我们的小孩养活到十八岁。"正是靠这种敢想敢干、
一往无前的勇气，小岗村凭借"大包干"走出了"大锅饭"的窠
臼，迅速解决了温饱问题。事实证明，家庭联产承包责任制极大地
提高了劳动积极性，有效地提高了粮食产量，有力地推动了农村的
改革与发展。1982 年后，在邓小平、万里等领导的支持下，家庭联
产承包责任制在全国迅速推广，农村改革的星火迅速从小岗村传向
中国大地。2016 年 4 月，习近平总书记在小岗村考察时感慨道：
"小岗村发生的翻天覆地的变化，是我国改革开放的一个缩影，看了
让人感慨万千。实践证明，唯改革才有出路，改革要常讲常新。"②
事先规划好的完美蓝图是不存在的，只要担当作为就一定有风险，
广大领导干部应继承和发扬"小岗精神"，锐意进取、大胆尝试，打
破思想僵局和利益困局。

---

① 《邓小平文选》（第 3 卷），人民出版社 1993 年版，第 372 页。
② 高云才、朱思雄、常钦：《小岗村大包干创举——改革开放的一声春雷》，《人
民日报》2021 年 3 月 17 日。

知识链接

"小岗精神"

1978 年 12 月，安徽凤阳县小岗村 18 户村民以"托孤"的形式，立下生死状，按下红手印，签订"大包干"契约，由此掀开了中国农村改革的序幕，推动了家庭联产承包责任制的出台，助力中国改革向纵深推进。小岗村因此被视为中国农村改革的主要发源地，在中国改革进程中具有重要的历史地位。在 40 余年农村改革发展实践中，当年"敢闯、敢试、敢为人先"的"大包干精神"经过不断丰富，逐渐沉淀和凝练为"敢于创造、敢于担当、敢于奋斗"的"小岗精神"。

习近平总书记指出，改革开放以来农村改革的伟大实践，推动我国农业生产、农民生活、农村面貌发生了巨大变化，为我国改革开放和社会主义现代化建设作出了重大贡献。这些巨大变化，使广大农民看到了走向富裕的光明前景，坚定了跟着我们党走中国特色社会主义道路的信心。对农村改革的成功经验，要长期坚持、不断完善。

2. 实戒假作为，勿做"作秀官"

与不作为相比，更具迷惑性的是"假作为"。假作为就是撸起袖子不干活，摆出造型给人看，表面上有担当、有作为，实际上从来没有把工作放在心上、把部署落到实处。这种有担当表象而无实质内容的假作为本质上是一种形式主义，它就像泡沫一样浮在实际工作之上，让党的政策扭曲走样，既污染政治生态，又妨碍事业发展。

中国特色社会主义事业需要的是实实在在的发展成果，广大人民群众需要的是真真切切的获得感，只有清除"假作为"、打掉"作秀官"，才能打开社会主义事业发展进步的新局面，保障人民群众的切身利益。

有了好的决策、好的蓝图，关键在落实。假作为就是没有把工作落到实处。有的干部口号喊得响亮，表态坚决、调门很高，行动起来却头重脚轻，把说了当做了，把做了当做好了、做成了；有的干部把自己当成"传声筒"，满足于开会传达，至于有没有执行、有没有落实却没有下文；有的干部用"忙"来掩饰自身工作的虚浮不实，整日忙于批示、开会、讲话、发文，但是实际工作没有任何实质性的推进，还总抱怨自己负担重、没有落实的时间。这些都是假作为的表现。假作为只在乎领导有没有看到，而不在乎任务究竟完成了多少，问题究竟解决了多少，这种作秀式的担担子欺上瞒下、十分败坏，其危害不亚于不作为，甚至性质更为恶劣。

空谈误国，实干兴邦。中华民族伟大复兴是一个伟大的使命和一项艰巨的任务，它绝不是靠"装样子""摆姿势"实现的。习近平总书记强调："增强狠抓落实本领，坚持说实话、谋实事、出实招、求实效，把雷厉风行和久久为功有机结合起来，勇于攻坚克难，以钉钉子精神做实做细做好各项工作。"[1] 广大党员干部必须发扬钉钉子精神，撸起袖子加油干，要以踏石留印、抓铁有痕的劲头，切实把各项工作落到实处，干出实效，在不懈奋斗中埋头苦干，步步为营，沿着科学的道路和路线图，朝着既定战略目标，一步一个脚印，稳扎稳打，把好的蓝图变为现实，带领人民不断创造美好生活。

---

① 《习近平谈治国理政》（第3卷），外文出版社2020年版，第54页。

3. 力戒乱作为，勿做"政绩官"

习近平总书记在《做焦裕禄式的县委书记》这一重要讲话中指出："县委书记多数任职就几年，不能有临时工的思想。有的人到了县委书记岗位上，想的是反正干不长，不如弄点大动静出来，也好显示自己的能耐和政绩，为自己晋升提拔铺路。这样的观点要不得。"[1] 中国共产党是为中国人民谋幸福的政党，而造福百姓更多的是体现在领导干部的政绩上。出政绩是对每位领导干部最基本的要求，如果只一心想做"太平官"，碌碌无为，那当然不算是称职的领导干部。但是，太想出政绩，抛开客观的发展环境、不顾人民群众的利益去胡干蛮干，当然也不算是有担当作为的称职干部。

领导干部担当作为必须树立正确的政绩观，准确把握实现什么样的发展、怎样发展，在工作中求真务实，讲实话、出实招、办实事、求实效；深刻认识什么是政绩、为谁创造政绩和如何创造政绩，时时处处把人民的利益放在第一位，不为私心所扰。国家主席习近平在 2018 年新年贺词中强调："各级党委、政府和干部要把老百姓的安危冷暖时刻放在心上，以造福人民为最大政绩，想群众之所想，急群众之所急，让人民生活更加幸福美满。"有的领导干部唯政绩是从，眼睛朝上不朝下，只考虑上级满意、不顾及基层干部群众感受，只想着自己升迁进步、烂摊子让继任者收拾。这种行为归根到底不过是一种以官为本、唯上不唯实的官僚主义做法，任其发展就有脱离群众、脱离实际的风险。

领导干部如果只盯着政绩、脱离人民群众的需求，那么群众的意见就得不到反映，就会导致工作部署与现实实际脱节，无法真实

---

① 《习近平谈治国理政》（第 2 卷），外文出版社 2017 年版，第 146 页。

有效地开展工作。如果上级领导脱离了群众，就会不了解基层工作的特点和困难，制定不切实际的目标要求，给基层干部增加很多不必要的负担。广大领导干部应该明白，干出政绩只是手段，其最终目的都是为了实现人民群众的利益、满足人民群众对美好生活的向往。实现好、维护好、发展好最广大人民的根本利益是我党一切工作的出发点和落脚点，各级党员领导干部要为人民担当、为人民作为，始终把对人民负责放在首位，努力成为让党放心、让人民满意的干部。

四、凡是有利于党和人民的事就要坚决地干

习近平总书记在 2021 年秋季学期中央党校（国家行政学院）中青年干部培训班开班式上指出："凡是有利于党和人民的事，我们就要事不避难、义不逃责，大胆地干、坚决地干。"① 习近平总书记的这段话指明了新时代党员干部干事创业的标准和要求，那就是凡是有利于党和人民事业的，党员干部就要坚决干、加油干、一代接一代地干；凡是不利于党和人民事业的，就坚决改、彻底改、一刻不耽误地改。党员领导干部要秉持公心、决心和恒心，尽心竭力，勇往直前，为实现"两个一百年"奋斗目标、为实现中华民族伟大复兴拼搏奋斗。

1. 秉持一颗公心，将党和人民的利益当作干事的标准

我们党自成立之日起，就把坚持人民利益高于一切鲜明地写在自己的旗帜上，把全心全意为人民服务作为根本宗旨，把实现好、

---

① 《信念坚定对党忠诚实事求是担当作为 努力成为可堪大用能担重任的栋梁之才》，《人民日报》2021 年 9 月 2 日。

维护好、发展好最广大人民根本利益作为一切工作的出发点和落脚点。正是基于这样的神圣使命和理论自信，中国共产党人才能够把全国十几亿人的力量凝聚起来，为人民谋幸福、为民族谋复兴、为世界谋大同而不懈奋斗。习近平总书记在党的十九大报告中指出："全党必须牢记，为什么人的问题，是检验一个政党、一个政权性质的试金石。带领人民创造美好生活，是我们党始终不渝的奋斗目标。必须始终把人民利益摆在至高无上的地位，让改革发展成果更多更公平惠及全体人民，朝着实现全体人民共同富裕不断迈进。"① 领导干部担事干事的标准只能用党和人民的利益来衡量，而不是用个人利益或者其他什么标准来衡量。是共产党员，就要有心里只装党和人民事业而唯独没有个人利益的胸襟，少一点个人得失上的顾忌，多一份对党和人民的责任与担当。

《中国共产党章程》第一章第三条对党员必须履行的义务进行了明确规定，其中第三款规定：坚持党和人民的利益高于一切，个人利益服从党和人民的利益，吃苦在前，享受在后，克己奉公，多做贡献。这既规定了每一名党员都要履行的义务，也阐明了每一名党员所应遵循的正确利益观，即要求广大党员干部不能从个人"小我"出发，而必须从"大我"着眼，要始终把人民群众的根本利益放在首位。但是，有的领导干部堂而皇之地宣称为集体谋利益，实则大搞小团体、小圈子、小山头，这种追求"小我"舍弃"大我"的狭隘自私现象，实质上就是个人主义价值观的外在表现。对于党员领导干部而言，当个人主义价值观占据主导地位时，以大多数人的利益为先的价值判断就失去了主导权，这不仅会导致道德底线的失守，

---

① 《习近平谈治国理政》（第3卷），外文出版社2020年版，第35页。

而且还会动摇党的执政基础，进而危害到党、国家和人民的根本利益。

党员领导干部只有坚定人民立场，树立正确的权力观、政绩观、利益观，才能将为人民服务的宗旨实实在在地落到实处；干事创业要始终秉持一颗公心，心中时刻想着人民，只有始终坚持人民至上的价值观，才能够始终把人民对美好生活的向往作为奋斗目标，以实际行动踏踏实实把造福人民的事业不断推向前进。

2. 秉持一颗决心，对党和人民有利的事业要一干到底

孟子曰："吾尝闻大勇于夫子矣。自反而不缩，虽褐宽博，吾不惴焉；自反而缩，虽千万人，吾往矣。"[①] 亚圣此言虽历经千载，但仍有浩然正气。当陷入困顿和迷惑时，反省自己觉得理直，那么纵然千万人阻止，也要勇往直前。广大党员干部要有肝胆，要有斗争精神，要有"铁肩担道义、热血谱新篇"的决心与勇气。凡是有利于党和人民利益的事业，必须不打折扣、不怕困难、不畏牺牲，坚决大胆地一干到底。

做事总是有风险的。正因为有风险，才需要担当。现实中，有些硬骨头不好啃，往往需要耗费大量的心力，还可能要担风险、担责任；有些难题牵涉面广，短期内很难有大的突破，却又必须破题、解题。面对这样的情况，一名合格的共产党员该怎样去做呢？沧海横流方显英雄本色，在危机时刻能否敢于负责、勇于担当，最能看出一个干部的党性和作风。誓言"水过不去、拿命来铺"的黄大发，敢啃硬骨头、甘当"燃灯者"的邹碧华，回乡奉献、谱写新时代青春之歌的黄文秀，罹患渐冻症仍在战疫一线奔忙的张定宇……他们

---

① 朱熹：《四书章句集注·孟子集注》，中华书局 2011 年版，第 214 页。

无不用实际行动证明中国共产党人就是要"在困难面前逞英雄",就是要"明知山有虎,偏向虎山行"。

习近平总书记指出:"干部有没有斗争精神、是不是敢于担当,就要看面对大是大非敢不敢亮剑、面对矛盾敢不敢迎难而上、面对危机敢不敢挺身而出、面对失误敢不敢承担责任、面对歪风邪气敢不敢坚决斗争。"[①] 共产党人的斗争,从来都是奔着矛盾问题、风险挑战去的,党员领导干部要挺起胸膛、直面矛盾、担当尽责,坚决地向棘手问题宣战、向顽瘴痼疾宣战、向歪风邪气宣战,以无所畏惧的斗争精神在拼搏奋进中铸就时代荣光。

3. 秉持一颗恒心,将事业一代接一代地干

习近平总书记反复强调"要一张蓝图绘到底"。他指出:"我们要牢记一个道理,政贵有恒。为官一方,为政一时,当然要大胆开展工作、锐意进取,同时也要保持工作的稳定性和连续性。"[②] 一个国家的大事通常不是轻而易举就能办成的,往往需要经历几年甚至几十年的时间,没有一代又一代人长期不懈的努力,再好的蓝图只能是一纸空文,再近的目标只能是镜花水月。党员领导干部要担当作为,就要有"功成不必在我"的思想境界,要一代接一代,一步一个脚印、稳扎稳打向前走,只要是有利于党和人民利益的事业,无论能不能在自己任内实现,都要持之以恒,坚决地干下去。

"不谋万世者,不足谋一时;不谋全局者,不足谋一域。"作为领导者,既要立足当前,更要着眼长远,甘做铺垫工作,敢抓未成之事。只有牢固树立"功成不必在我"的理念,才能够自觉站在党

---

① 《习近平谈治国理政》(第3卷),外文出版社2020年版,第542页。
② 《习近平谈治国理政》(第1卷),外文出版社2018年版,第399页。

和国家事业的大局上想问题、办事情。只有看问题的高度和角度不同、境界和格局不同，才能够胸怀大局，登高望远，明事理、辨是非，知责任、敢担当，跳出地方、部门利益的羁绊，始终以党的事业为重、以百姓之心为心，做到局部利益服从整体利益，小道理服从大道理。有的领导到一个新岗位后，动辄另起炉灶。不否认有的同志履新之后能发现一些问题，但一切必须从实际出发，要坚持好的，改正错的，特别是需要几代人才能完成的事情，必须一任接着一任干，一旦中断，其损失比不干还大。

公者千古，私者一时。党员领导干部只有沉下心来，坚定"功成不必在我"的信念，立足当下、着眼长远，不务虚名、兢兢业业、真抓实干，才能交出让人民满意的新时代答卷。只要我们党永远同人民站在一起，我们 14 亿多人民和衷共济，大家撸起袖子加油干，把我们国家建设好，把我们民族发展好，我们就一定能够走好我们这一代人的长征路。

延伸阅读

1. 马克思：《关于费尔巴哈的提纲》，《马克思恩格斯文集》（第 1 卷），人民出版社 2009 年版，第 499—506 页。

2. 邓小平：《在武昌、深圳、珠海、上海等地的谈话要点（1992 年 1 月 18 日—2 月 21 日）》，《邓小平文选》（第 3 卷），人民出版社 1993 年版，第 370—383 页。

3. 习近平：《在纪念周恩来同志诞辰 120 周年座谈会上的讲话（2018 年 3 月 1 日）》，人民出版社 2018 年版。

深度思考

1. 为什么说"能否敢于负责、勇于担当，最能看出一个干部的党性和作风"？

2. 如何理解作为和担当是一体的？

3. 新时代的奋斗者为什么要有"功成不必在我"的境界？

4. 谈一谈你对 2015 年 1 月 13 日习近平总书记在《做焦裕禄式的县委书记》的讲话中这段话的理解："为官避事平生耻。干部就要有担当，有多大担当才能干多大事业，尽多大责任才会有多大成就。不能只想当官不想干事，只想揽权不想担责，只想出彩不想出力。县一级领导要谋几十万、上百万人的改革发展稳定大计，管千头万绪的事务，这个舞台足够大，刚才你们也说到了，是'芝麻官'千钧担。党把干部放在这样一个岗位上是信任，是重托，要意气风发、满腔热情干好，为官一任、造福一方。不能干一年、两年、三年还是涛声依旧，全县发展面貌没有变化，每年都是重复昨天的故事。"

第四章

敢于坚持原则

经典语录

　　坚持原则是共产党人的重要品格，是衡量一个干部是否称职的重要标准。对共产党人来说，"好好先生"并不是真正的好人。奉行好人主义的人，没有公心、只有私心，没有正气、只有俗气，好的是自己，坏的是风气、是事业。共产党人讲党性、讲原则，就要讲斗争。在原则问题上决不能含糊、决不能退让，否则就是对党和人民不负责任，甚至是犯罪。大是大非面前要讲原则，小事小节中也有讲原则的问题。党的干部都要有秉公办事、铁面无私的精神，讲原则不讲面子、讲党性不徇私情。

　　——2021年9月1日，习近平在2021年秋季学期中央党校（国家行政学院）中青年干部培训班开班式上的讲话要点

习近平总书记在 2021 年秋季学期中央党校（国家行政学院）中青年干部培训班开班式上发表重要讲话指出，"坚持原则是共产党人的重要品格，是衡量一个干部是否称职的重要标准。对共产党人来说，'好好先生'并不是真正的好人。奉行好人主义的人，没有公心、只有私心，没有正气、只有俗气，好的是自己，坏的是风气、是事业。共产党人讲党性、讲原则，就要讲斗争。在原则问题上决不能含糊、决不能退让，否则就是对党和人民不负责任，甚至是犯罪。大是大非面前要讲原则，小事小节中也有讲原则的问题。党的干部都要有秉公办事、铁面无私的精神，讲原则不讲面子、讲党性不徇私情"①。共产党人是最讲原则的人，正是因为共产党人讲原则，我们才能经得住各种风浪考验，战胜得了各种艰难险阻，能够从各种政治势力中脱颖而出，带领中华民族不断走向复兴。领导干部要深刻领会讲原则的重大意义，在任何时候都敢于坚持原则，增强原则意识，反对好人主义，同一切破坏原则的行为作坚决斗争。

一、坚持原则是共产党人的重要品格

什么是共产党人？马克思恩格斯在《共产党宣言》中说："共产党人同其他无产阶级政党不同的地方只是：一方面，在无产者不同的民族的斗争中，共产党人强调和坚持整个无产阶级共同的不分民族的利益；另一方面，在无产阶级和资产阶级的斗争所经历的各

---

① 《信念坚定对党忠诚实事求是担当作为 努力成为可堪大用能担重任的栋梁之才》，《人民日报》2021 年 9 月 2 日。

个发展阶段上，共产党人始终代表整个运动的利益。"① 共产党人有着自己的原则，并且是这些原则的坚定捍卫者和执行者。共产党人始终以实现全人类的幸福为自己的使命，这也正是共产党人最大的原则。在这一原则下，共产党人不断排除万难，从一个胜利走向另一个胜利。广大党员干部要传承共产党人坚持原则的优良品格，在实际工作中坚持政治原则、组织原则、纪律原则，做合格共产党员。

1. 共产党人依靠坚持原则走向胜利

习近平总书记强调："中国共产党人的初心和使命，就是为中国人民谋幸福，为中华民族谋复兴。这个初心和使命是激励中国共产党人不断前进的根本动力。"② 为人民谋幸福，为民族谋复兴，既是中国共产党人的初心和使命，也是我们的原则。我们党自成立以来，始终坚持这一原则不动摇，不断坚定自身理想信念，取得了社会主义革命、建设和改革的伟大成就，推动中国特色社会主义进入新时代，不断实现着人民对美好生活的向往。

革命年代，我们党深刻意识到，只有社会主义才能救中国，坚持社会主义道路、实现民族独立和人民解放就是我们的原则。在这一原则指导下，中国共产党领导全国各族人民，同内外反动派进行最坚决的斗争，推翻了压在中国人民头上的帝国主义、封建主义、官僚资本主义三座大山，实现了新民主主义革命和社会主义革命的胜利，建立了新中国，实现了中国从几千年封建专制向人民民主的伟大跨越。

---

① 《马克思恩格斯选集》（第1卷），人民出版社2012年版，第413页。

② 习近平：《决胜全面建成小康社会 夺取新时代中国特色社会主义伟大胜利——在中国共产党第十九次全国代表大会上的报告（2017年10月18日）》，人民出版社2017年版，第1页。

建设时期，我们党深刻意识到，必须建立符合我国实际的先进社会制度。在这一原则指导下，中国共产党领导全国人民，确立了社会主义基本制度，推进了社会主义建设，完成了中华民族有史以来最为广泛而深刻的社会变革，为当代中国一切发展进步奠定了根本政治前提和制度基础。

改革开放后，我们党深刻意识到，贫穷不是社会主义，只有中国特色社会主义才能发展中国。在这一历史时期，我们党总结长期以来建设社会主义的正反两方面经验，发出走自己的路、建设中国特色社会主义的伟大号召，提出改革开放后取得一切成绩和进步的根本原因是开辟了中国特色社会主义道路，形成了中国特色社会主义理论体系，确立了中国特色社会主义制度，发展了中国特色社会主义文化。坚持和发展中国特色社会主义，就成为我们党必须长期坚持的原则。正是在这一原则指导下，中国共产党领导人民破除一切体制机制障碍，不断解放思想，大力发展生产力，有效提升了我国经济实力和人民生活水平，使中国大踏步赶上了时代。

进入中国特色社会主义新时代，我们党深刻意识到，中华民族伟大复兴已经到了最关键的时刻，只有坚持和发展中国特色社会主义才能实现中华民族伟大复兴。在这一原则指导下，以习近平同志为核心的党中央统揽伟大斗争、伟大工程、伟大事业、伟大梦想，统筹推进"五位一体"总体布局和协调推进"四个全面"战略布局，决胜全面建成小康社会，实现了全方位、开创性的历史成就，取得了深层次、根本性的历史变革，迎来了中华民族伟大复兴的光明前景。

2. 坚持政治原则是首要的

习近平总书记强调，"在干部干好工作所需的各种能力中，政治

能力是第一位的。有了过硬的政治能力，才能做到自觉在思想上政治上行动上同党中央保持高度一致，在任何时候任何情况下都能'不畏浮云遮望眼'、'乱云飞渡仍从容'"①。我们党之所以能够历经百年而风华正茂，就是因为我们党具有鲜明的政治原则，旗帜鲜明讲政治是我们党的重要特征，在任何时候我们都要讲政治、顾大局、守原则。党员干部要把坚持政治原则放在第一位，提高政治能力，把准政治方向，加强政治历练，不断提高政治判断力、政治领悟力、政治执行力，严格执行党的政治路线，在政治立场、政治原则、政治道路上同党中央保持高度一致，严格遵守政治纪律和政治规矩，做政治上可靠的好干部。

习近平总书记在党的十九大报告中指出："旗帜鲜明讲政治是我们党作为马克思主义政党的根本要求。党的政治建设是党的根本性建设，决定党的建设方向和效果。"② 把坚持政治原则摆在首位，是由党的性质和地位决定的。中国共产党作为中国工人阶级先锋队，同时是中国人民和中华民族的先锋队，是中国特色社会主义事业的领导核心。政治上的先进性是马克思主义政党作为先锋队的先决条件，人民立场正是我们党最鲜明的政治本色，共产主义远大理想和中国特色社会主义共同理想正是我们党要坚守的政治方向。我们只有始终坚持走中国特色社会主义道路、丰富中国特色社会主义理论体系、完善中国特色社会主义制度、发展中国特色社会主义文化，才能在政治方向上始终具有先进性。

---

① 《年轻干部要提高解决实际问题能力 想干事能干事干成事》，《人民日报》2020年10月11日。

② 习近平：《决胜全面建成小康社会 夺取新时代中国特色社会主义伟大胜利——在中国共产党第十九次全国代表大会上的报告（2017年10月18日）》，人民出版社2017年版，第62页。

中国共产党之所以能够历经风雨而不倒，久经考验而愈强，就是因为中国共产党善于从政治上分析问题、解决问题。中国共产党诞生于内忧外患、民不聊生的中国近现代，从一个50多人的小党一步步发展成为拥有9500多万党员的世界第一大党，领导中华民族实现了从站起来到富起来再到强起来的伟大飞跃。究其原因，就在于中国共产党同其他的政治势力相比，具有更鲜明的政治立场、更远大的政治目标、更实际的政治路线、更科学的政治纲领、更良好的政治生态。党的十八大以来，我们推进党的建设新的伟大工程，始终把政治建设摆在首位，增强党内政治生活的政治性、时代性、原则性、战斗性，营造了风清气正的政治生态，提高了各级领导干部的政治觉悟和政治能力。新时代要把党建设得更加坚强有力，确保党始终成为总揽全局、协调各方的领导核心，同样需要我们加强党的政治建设，坚持党的政治原则，永葆党的政治本色。

3. 坚持组织原则是重要的

中国共产党作为一个政治组织，能够在世界上人口最多的发展中国家不断创造着人间奇迹，一个重要原因就是我们有着强大的组织力。正是因为一代又一代中国共产党人对自身组织原则的坚守和支持，才使得我们党能够团结一致，不断攻坚克难，始终保持强大凝聚力和旺盛生命力。

坚持党的组织原则，就要坚持民主集中制，民主集中制是我们党的根本组织制度和领导制度。坚持民主集中制，就要健全和认真落实民主集中制的各项具体制度，促使全党同志按照民主集中制办事，促使各级领导干部特别是主要领导干部带头执行民主集中制。通过坚持和健全民主集中制，实现了民主基础上的集中和集中指导下的民主相结合，既提高了效率，又防止了"一言堂"现象的发生，

有力发扬了党内民主，严肃了党内政治生活，维护了党的团结和集中统一。党的十八大以来党的建设实践充分说明，民主集中制是适合我们党治国理政的好制度，必须长期坚持和不断发展。

坚持民主集中制，就要坚持"四个服从"。《中国共产党章程》规定："党员个人服从党的组织，少数服从多数，下级组织服从上级组织，全党各个组织和全体党员服从党的全国代表大会和中央委员会。"① 这四个服从确保了我们党能够具备强大的组织力，既确保了全党的团结统一，有利于形成强大的凝聚力和组织合力；又能够实现全党范围内的政令畅通，做到令行禁止，防止出现山头主义和"独立王国"。因此，我们坚持党的组织原则，坚持民主集中制，就要做到"四个服从"，坚决维护党中央权威和集中统一领导，严格遵循党的路线、方针、政策，在贯彻党中央和上级党组织任务要求时不打折扣、不搞变通，真正把党的各项政策主张落实到位。

4. 坚持纪律原则是必要的

任何一个政党要想实现兴旺发达，离不开强有力的纪律原则作为保障。守纪律、讲原则既是共产党人的基本品格，也是对共产党人的基本要求。习近平总书记强调："没有规矩不成其为政党，更不成其为马克思主义政党。我认为，我们党的党内规矩是党的各级组织和全体党员必须遵守的行为规范和规则。"② 我们党的一大规矩就是，党的纪律底线不能触碰，一旦违反纪律就必须受到追究和处罚。党员干部传承坚持原则的优良品格，务必坚持党的纪律原则，不越线、不乱为。

---

① 《中国共产党章程》，人民出版社 2017 年版，第 31 页。
② 《习近平谈治国理政》（第 2 卷），外文出版社 2017 年版，第 151 页。

"不拿群众一针一线"

"红军不拿群众一针一线"，在福建永春县横口乡朱德红军革命旧址，保存着一幅92年前的红军标语，字迹依然清晰，这是人民军队"三大纪律、八项注意"早期的实物见证。在这条红军标语的背后，有着一段暖人心的红军故事。

1929年7月，为打破国民党军队对闽西革命根据地的"三省会剿"，扩大闽西革命斗争区域，朱德率红四军第二、三纵队和前委机关3000多人开赴闽中，攻占漳平、宁洋一带，向大田、德化进军，于8月22日抵达永春县西部的横口乡福鼎村休整。在进驻的7天时间中，红军除了休整军队、救治伤员，还关心群众生产生活，开展革命宣传，得到当地群众大力拥护，"在永春福鼎休整的红军，真正践行了'不拿群众一针一线'的纪律"。红军刚到时，就在街道上铺上门板露天睡觉，部分住到村民家里的，就睡在厅堂过道；不仅如此，红军还注重买卖公平，红军战士向村民买粮食、鸡蛋、蔬菜付的都是银圆，村民要是因找不开钱而拒收，战士们就不肯拿走东西。

坚持党的纪律原则，就要坚决抵制腐败。腐败问题是一个执政党面临的最大威胁，能否有效惩治腐败，关系着一个政党的生死存亡。中国共产党推进自我革命，一项重要内容就是推进反腐败斗争，坚持惩治腐败无禁区、全覆盖、零容忍，以永远在路上的坚韧和执着对抗腐败。零容忍惩治腐败彰显的是中国共产党加强自身建设的

决心，更是实现自我革命的必要环节。在革命年代，我们党深知官员的腐败是造成人民群众生活苦难的重要原因，人民群众对腐败现象深恶痛绝，因此我们把不能腐作为一条"高压线"，不断在教育党员的过程中强化这一理念，由此产生了"三大纪律、八项注意"等优良行为准则，形成了"不拿群众一针一线"的优良传统。在执政时期，我们党同样十分关注防治腐败问题，在新中国成立之初就开展了"三反""五反"运动，目的就是惩治贪污腐败，防止先锋队变质。党的十八大以来，我们党更是以惊人的政治勇气，查处一批严重违纪违法案件，既"打老虎"，又"拍苍蝇"，同时加大国际追赃追逃力度，使腐败分子和腐败现象无处可逃，真正强化了不敢腐的震慑，扎牢了不能腐的笼子，增强了不想腐的自觉。

二、坚决不做"好好先生"

习近平总书记强调："弘扬忠诚老实、公道正派、实事求是、清正廉洁等价值观，坚决防止和反对个人主义、分散主义、自由主义、本位主义、好人主义，坚决防止和反对宗派主义、圈子文化、码头文化，坚决反对搞两面派、做两面人。"[①] 党内不能有"好好先生"，这与我们党的价值理念不符合。所谓"好好先生"，实质上是自私的利己主义，把个人利益安危凌驾于组织利益之上，只顾自己不顾组织，只顾自己不顾事实，颠倒黑白、"和稀泥"，最终必将给个人发展与组织事业造成不利影响和损失。只有对人民负责、对党忠诚的

---

① 习近平：《决胜全面建成小康社会 夺取新时代中国特色社会主义伟大胜利——在中国共产党第十九次全国代表大会上的报告（2017年10月18日）》，人民出版社2017年版，第63页。

干部才是好干部。领导干部坚决不能做"好好先生"，以组织事业为重，要存公心、弱私心，坚持克己奉公，始终做到对人民负责、对党忠诚。

1. "好好先生"的本质是自私的利己主义

"好好先生"与我们党的宗旨性质格格不入，奉行好人主义的人，往往是党性不强、原则不强的人，这类人将个人的声誉、利益放在组织原则前面，遇事不是原则在先，而是考虑会对自己造成什么影响、会不会得罪人，这实质上是一种自私自利的利己主义。一个真正的共产党员，应当是克己奉公、无私奉献，毫不利己、专门利人的人，是把党性、原则、组织放在个人利益之前的人。

知识链接

好人主义

所谓"好人主义"，顾名思义就是谁也不招、谁也不惹的处世哲学，虽说听起来仿佛是与世无争地生活、本本分分地做人，但实质上并不是这样。好人主义是对错误思想和行为的容忍，它麻痹人的真假、善恶、美丑之心，目的是讨好卖乖，说到底是个人主义和自由主义思想在作怪。好人主义不好，一害党、二害同志、三害本人，其实是有百害而无一利的歹人主义。好人主义的本质是讨好、得好。好人主义和批评与自我批评的优良作风、民主集中制的组织原则是背道而驰的。

"好好先生"有很多种表现，有的人是只说好话，对别人吹吹捧

捧，粉饰缺点和不足，为了面子过得去宁可说违心话；有的人是只点头不摇头，不求原则是非，只求相安无事，模模糊糊，即使事情做不成也不批评人、得罪人；有的人是好坏不分，不讲原则讲圆滑，混淆是非、指鹿为马，对错误言行和不良现象睁一只眼闭一只眼，绝不做"恶人"。

"好好先生"违背了实事求是的原则。习近平总书记强调："坚持实事求是，就是坚持一切从实际出发来研究和解决问题，坚持理论联系实际来制定和形成指导实践发展的正确路线方针政策，坚持在实践中检验真理和发展真理。"① 坚持实事求是，基础在"实事"，就是要了解实际、掌握实情；关键在于"求是"，就是探求和掌握事物发展的规律。"好好先生"为人处世的出发点是个人利益诉求，而不是客观实际，只要是对自己有好处，甚至可以颠倒黑白。共产党员做事情就要坚持实事求是，实事求是是共产党员党性的体现，"好好先生"违背了实事求是，正是没有党性的表现。

"好好先生"危害巨大。如果一个组织里的人都奉行好人主义，没有人敢于直面问题，没有人愿意担当作为，那么这个组织也就没有了前途希望。一味地"你好我好大家好"，会导致隐患不能及时被发现，问题不能被有效解决，长此以往，必然导致事业的失败。"好好先生"是不负责任的表现：一是不对自己负责，失去了历练提高的机会，早晚自己也会因为好人主义而吃亏；二是不对他人负责，导致他人有错不能被发现，最后招致更大的问题；三是不对组织负责，"好好先生"造成了风气的败坏、作风的涣散，最终贻害无穷，危及事业进程。

---

① 习近平：《坚持实事求是的思想路线》，《学习时报》2012年5月27日。

2. 真正的好人是坚持对人民负责

中国共产党作为一个马克思主义政党，始终坚持马克思主义的群众史观。马克思主义的根本历史使命，就在于让无产阶级和广大人民群众摆脱被奴役和被压迫的生存境况，实现人类解放。马克思主义一以贯之的基本价值追求，就是让人民大众摆脱自然界、人类社会和思想的奴役和压迫，成为自由全面发展的人，这也是马克思主义的最高理想、价值追求和逻辑起点。共产党人作为马克思主义的信仰者，就是要坚守人类解放这一根本价值追求，为绝大多数人谋福利。正如马克思和恩格斯在《共产党宣言》中所指出的："过去的一切运动都是少数人的或者为少数人谋利益的运动。无产阶级的运动是绝大多数人的、为绝大多数人谋利益的独立的运动。"① 中国共产党所奋斗的一切，都是要为人民谋利益、谋幸福。

人民立场是中国共产党最根本的政治立场。坚定人民立场，就是要牢牢坚守全心全意为人民服务的宗旨，从思想上、情感上、工作上保持与人民群众的血肉联系，不忘初心、牢记使命，始终坚持把人民对美好生活的向往作为根本的奋斗目标，攻坚克难、勇于担当。正如习近平总书记所指出的："江山就是人民、人民就是江山，打江山、守江山，守的是人民的心。中国共产党根基在人民、血脉在人民、力量在人民。中国共产党始终代表最广大人民根本利益，与人民休戚与共、生死相依，没有任何自己特殊的利益，从来不代表任何利益集团、任何权势团体、任何特权阶层的利益。"②

---

① 《马克思恩格斯选集》（第 1 卷），人民出版社 2012 年版，第 411 页。

② 习近平：《在庆祝中国共产党成立 100 周年大会上的讲话（2021 年 7 月 1 日）》，《人民日报》2021 年 7 月 2 日。

真正的好党员，就该对人民负责。党员干部要坚持以人民为中心的价值立场，坚持人民主体地位和首创精神，充分调动人民积极性，践行全心全意为人民服务的根本宗旨，保障人民群众利益，贯彻从群众中来、到群众中去的群众路线，始终保持同人民群众的血肉联系，始终同人民群众想在一起、干在一起，把人民拥护不拥护、赞成不赞成、高兴不高兴、答应不答应作为衡量一切工作得失的根本标准，紧紧依靠人民创造历史伟业，永远保持对人民群众的赤子之心，把人民对美好生活的向往作为我们的奋斗目标，团结和带领全国各族人民为全面建成社会主义现代化强国、实现中华民族伟大复兴的中国梦不懈奋斗！

3. 真正的好人要对党忠诚

共产党员必须时刻牢记自己是党的人，把对党绝对忠诚作为基本政治素养，始终保持忠于党、忠于国家、忠于人民的政治品格。为什么每一个党员必须对党绝对忠诚，必须忠诚于党的信仰呢？因为我们党有9500多万党员，要完成党的政治使命，就必须坚守我们的政治信仰，其中最要警惕的事情就是一盘散沙、四分五裂。我们必须心往一处想，劲往一处使，也就是要解决统一思想、统一行动的问题，必须有政治意识、大局意识、核心意识、看齐意识，而这"四个意识"归根结底就是忠诚。

对党忠诚，要体现到对党和人民事业的忠诚上。一个人秉持什么样的核心价值理念，只有通过"听其言"和"观其行"，才是可以被证实的，因为人只有通过言行才能展现其内心。同样的道理，我们党员对党的忠诚，也必须听其言、观其行，必须转化为理论和行动。对党的忠诚、对马克思主义的忠诚、对人民的忠诚，最重要的是坚守核心价值观，就是要更好地造福人民群众。

习近平总书记说："方向决定道路，道路决定命运。"① 这句话意义非常重大。习近平总书记多次强调，中国是一个大国，决不能在根本性问题上出现颠覆性错误，一旦出现就无法挽回、无法弥补。在根本性问题上出现颠覆性错误，无非就是两个：一个是方向错误，另一个是道路错误。方向错了，一错百错，全盘皆输，什么道路都不重要了，这是最根本的。道路错了也不行，也是颠覆性的。所以方向和道路都是根本性问题。方向决定道路，指我们要举什么旗；道路决定命运，指我们要走什么路。举什么旗，是指坚定我们的信仰；走什么路，是指统一行动，转化为实践。这是我们践行信仰的过程。我们所举的旗，就是马克思主义的旗，我们所走的路，就是中国特色社会主义道路。中国特色社会主义道路是实现我们的核心价值追求、造福人民、为绝大多数人谋福利的最好路径。党员干部做到对党忠诚，就要做到对党的事业忠诚，就要坚定中国特色社会主义道路自信、理论自信、制度自信、文化自信。

三、共产党人讲党性和原则就要讲斗争

习近平总书记强调："马克思主义产生和发展、社会主义国家诞生和发展的历程充满着斗争的艰辛。建立中国共产党、成立中华人民共和国、实行改革开放、推进新时代中国特色社会主义事业，都是在斗争中诞生、在斗争中发展、在斗争中壮大的。当今世界正处于百年未有之大变局，我们党领导的伟大斗争、伟大工程、伟大事业、伟大梦想正在如火如荼进行，改革发展稳定任务艰巨繁重，我

---

① 《习近平谈治国理政》（第 2 卷），外文出版社 2017 年版，第 36 页。

们面临着难得的历史机遇，也面临着一系列重大风险考验。胜利实现我们党确定的目标任务，必须发扬斗争精神，增强斗争本领。"①共产党人都是富有斗争精神的战士，在矛盾和挑战面前，决不能退缩逃避，而要勇于斗争。共产党人的党性和原则就包含着敢于斗争的要求，有党性就不能怕斗争，讲原则就要敢斗争。党员干部要在斗争中检验自身党性修养和原则水平，用党性和原则增强自身斗争的底气，敢于同一切违反党性和原则的错误风气行为作坚决斗争，发扬斗争精神，增强斗争本领。

1. 讲党性和原则才能敢斗争

习近平总书记指出："要学懂弄通做实党的创新理论，掌握马克思主义立场观点方法，夯实敢于斗争、善于斗争的思想根基，理论上清醒，政治上才能坚定，斗争起来才有底气、才有力量。"② 在困难矛盾面前敢不敢斗争，正是检验一名党员党性和原则强不强的试金石。打铁还需自身硬，党员领导干部只有自身党性和原则坚定，才能敢于斗争，才能有斗争的底气和力量。

斗争不是请客吃饭，不是嘴上说斗争就真的能做到斗争的。有些人之所以遇到问题绕着走，不敢动真碰硬，原因就在于其自身不硬。如果有的人自身就违反了党性和原则，他又怎么敢同其他违反党性和原则的人去斗争呢？《论语》有云："其身正，不令而行；其身不正，虽令不从。"只有讲党性、守原则，才能有服人的资本，这样才不会被人抓住"小辫子"，在困难矛盾面前才能迎难而上。

中国共产党人的党性就蕴含着斗争精神。社会总是在矛盾运动中前进的，而有矛盾就会有斗争。共产党人作为人民群众的先锋队，

---

① 《习近平谈治国理政》（第3卷），外文出版社2020年版，第225页。
② 《习近平谈治国理政》（第3卷），外文出版社2020年版，第227页。

作为先进生产关系和未来社会发展趋势的代表，要想带领人民实现各种美好的目标愿望，都离不开在现实中的斗争。共产党人的党性是具体的而不是抽象的，敢于同一切落后的、腐朽的、黑暗的势力作斗争，正是共产党人党性的体现。共产党人之所以是彻底的革命者，就是因为他们具有最坚决的斗争性，一定同形形色色的顽固势力斗争到底。

 知识链接

习近平关于加强党性修养的论述

马克思主义政党的先进性和纯洁性不是随着时间推移而自然保持下去的，共产党员的党性不是随着党龄增长和职务提升而自然提高的。初心不会自然保质保鲜，稍不注意就可能蒙尘褪色，久不滋养就会干涸枯萎，很容易走着走着就忘记了为什么要出发、要到哪里去，很容易走散了、走丢了。我们查处的那些腐败分子，之所以跌入违纪违法的陷阱，从根本上讲就是把初心和使命抛到九霄云外去了。不忘初心、牢记使命不是一阵子的事，而是一辈子的事，每个党员都要在思想政治上不断进行检视、剖析、反思，不断去杂质、除病毒、防污染。

——2020 年 1 月 8 日，习近平在"不忘初心、牢记使命"主题教育总结大会上的讲话

讲政治最根本就是要讲党性，在思想政治上讲政治立场、政治方向、政治原则、政治道路，在行动实践上讲维护党中央权威、执行党的政治路线、严格遵守党的政治纪律和政治规矩。党的政治建设的首要任务，就是保证全党服从中央，坚持党中央权威和

集中统一领导，绝不能有丝毫含糊和动摇。

——2018年1月5日，习近平在新进中央委员会的委员、候补委员和省部级主要领导干部学习贯彻习近平新时代中国特色社会主义思想和党的十九大精神研讨班上的讲话

习近平总书记指出："共产党人的斗争是有方向、有立场、有原则的。"① 搞斗争不能乱斗一气，不能什么都斗，搞斗争一定要讲究原则。如果在斗争的原则上出现了偏差或错误，那么斗争就必然会带来混乱。我们只有坚持正确的原则，才能在斗争中更有底气、更有力量。所谓原则，就是我们的核心价值追求，是在任何时候都不能放弃和改变的东西。对于中国共产党人来说，最大的原则就是坚持中国共产党的领导，坚持中国特色社会主义道路，在这一原则上，我们必须头脑十分清醒，立场十分坚定，容不得丝毫动摇和迟疑。

2. 敢于同一切违反党性和原则的错误风气行为作斗争

习近平总书记指出："领导干部要主动投身到各种斗争中去，在大是大非面前敢于亮剑，在矛盾冲突面前敢于迎难而上，在危机困难面前敢于挺身而出，在歪风邪气面前敢于坚决斗争。"② 敢于斗争、善于斗争是马克思主义政党的一种革命品质，与歪风邪气坚决作斗争，必须保持不畏艰难、知难而上、锐意进取的斗争姿态，坚决不能有意志衰退、干劲不足、消极懈怠的状态。

中国共产党是一个不断进行斗争的革命党，领导中国人民完成了新民主主义革命、社会主义革命，建立起社会主义基本制度，进

---

① 《习近平谈治国理政》（第3卷），外文出版社2020年版，第226页。
② 《习近平谈治国理政》（第3卷），外文出版社2020年版，第227页。

行伟大的社会主义建设，开创了中国特色社会主义。中国的伟大社会革命在继续，领导干部必须以坚韧的斗争意志和昂扬的斗争姿态将革命进行到底，敢于并善于同矛盾冲突作斗争，敢于并善于同各种危机困难作斗争，敢于并善于同自身的一切缺点错误作斗争，敢于并善于同一切歪风邪气作坚决斗争。

习近平总书记强调："在党的作风建设和纪律建设方面，要坚持不懈整治'四风'，抓紧解决人民群众反映强烈的形式主义和官僚主义、干部不担当不作为、侵害群众利益等突出问题，持续保持反腐高压态势，铲除寄生在党的肌体上的毒瘤，永葆党的肌体健康。"① "四风"问题存在已久，损害党群关系，背离我们党的性质，违背党为人民服务的宗旨，让人民群众深恶痛绝。党的十八大以来，全党上下纠正"四风"问题，取得显著效果，但是"四风"问题根深蒂固，想要解决也不是一朝一夕的事情，而是一项长期的任务，必须不断增强党自我净化、自我完善、自我革新、自我提高的能力，要经受"四大考验"，克服"四种危险"，敢于向"四风"作坚决斗争。坚持全面从严治党，为我们向"四风"作斗争提供更有力的政治保障。习近平总书记在分析研究当前经济形势和经济工作会议上指出："把整改与日常监督结合起来，依规依纪依法处置问题线索，保持惩治腐败的高压态势，锲而不舍纠治'四风'，举一反三、查找漏洞，健全监督制度，把全面从严治党要求落实到企业各层级各领域。"② 我国正处于复杂多变的环境中，坚决向"四风"作斗争，要深入贯彻落实党的十九大精神，不断强化思想武装；加强党的政治

---

① 习近平：《牢记初心使命，推进自我革命》，《求是》2019 年第 15 期。
② 《分析研究当前经济形势和经济工作 审议〈中国共产党问责条例〉和〈关于十九届中央第三轮巡视情况的综合报告〉》，《人民日报》2019 年 7 月 31 日。

建设，保证全党集中统一、令行禁止；弘扬优良作风，强化主体责任，完善监督体系；向群众身边不正之风亮剑，维护群众切身利益。坚持全面从严治党，始终保持党的先进性和纯洁性，为党的建设提供基本保障，努力实现第二个百年奋斗目标。

3. 发扬斗争精神，增强斗争本领

习近平总书记指出："要注重策略方法，讲求斗争艺术。要抓主要矛盾、抓矛盾的主要方面，坚持有理有利有节，合理选择斗争方式、把握斗争火候，在原则问题上寸步不让，在策略问题上灵活机动。要根据形势需要，把握时、度、效，及时调整斗争策略。要团结一切可以团结的力量，调动一切积极因素，在斗争中争取团结，在斗争中谋求合作，在斗争中争取共赢。"① 党员干部在现实工作中开展斗争，要发扬斗争精神，增强斗争本领，讲求斗争艺术。

树立斗争意识是保持斗争精神的前提和基础。矛盾无处不在，无时不有，有矛盾就会有斗争。这就要求我们必须树立斗争意识、善于发现矛盾，更要敢于直面矛盾、勇于解决矛盾。面对时代课题的挑战，广大党员干部必须有敢于直面矛盾、解决矛盾的魄力。所谓"今人有过，不喜人规，如护疾而忌医，宁灭其身而无悟也"。发现问题了，要勇于回应，对问题遮遮掩掩，放任自流，很有可能会养痈成患、适得其反。这就要求我们面对难点问题，不能裹足不前，而要逢山开路、遇水搭桥；面对热点问题，不能因循守旧，而要与时俱进、锐意进取；面对痛点问题，不能讳疾忌医，而要敢于"壮士断腕""刮骨疗毒"。

---

① 《习近平谈治国理政》（第3卷），外文出版社2020年版，第227页。

领导干部要按照唯物辩证法的观点，掌握斗争的方法和艺术。斗争要因势利导、因地制宜，具体问题具体分析，坚持斗争的辩证法，根据形势需要，把握时、度、效，及时调整斗争策略。在斗争过程中既统揽全局，又兼顾各方；既抓主要矛盾和矛盾的主要方面，又不忽视次要矛盾和矛盾的次要方面；既选择合适的斗争方式，又把握正确的斗争火候；既有坚持原则不动摇，也有具体策略的灵活机动。正如习近平总书记所指出的，"斗争是一门艺术，要善于斗争。在各种重大斗争中，我们要坚持增强忧患意识和保持战略定力相统一、坚持战略判断和战术决断相统一、坚持斗争过程和斗争实效相统一"①。

党员干部要在知行合一中主动担当作为、不懈奋斗，带领人民创造历史伟业。在前进道路上我们面临的风险考验只会越来越复杂，甚至会遇到难以想象的惊涛骇浪。当前，我们面临的各种斗争不是短期的，至少要伴随我们实现第二个百年奋斗目标全过程。是一个由此岸走向彼岸的长期历史过程。在不同历史阶段，我们既要理想远大和信念坚定，还要脚踏实地进行现实的实践，立足于现实世界不断奋斗。共产主义不是"飞来峰"，不可能唾手可得。从中国共产党建立并领导新民主主义革命开始，再到后来的社会主义建设和社会主义改革，我们党的伟大事业是共产主义运动过程中的一部分，都要通过一代又一代共产党人带领人民群众不懈奋斗，才能够一步一步实现共产主义理想。斗争具有历史性和过程性，不要认为斗争是一个遭遇战，是一个短期战，要认识到斗争是一个持久战，是一个长期战，是一个永远的过程。

---

① 《习近平谈治国理政》（第 3 卷），外文出版社 2020 年版，第 227 页。

四、丢掉幻想、勇于斗争

习近平总书记在 2021 年秋季学期中央党校（国家行政学院）中青年干部培训班开班式上发表重要讲话强调，"当前，世界百年未有之大变局加速演进，中华民族伟大复兴进入关键时期，我们面临的风险挑战明显增多，总想过太平日子、不想斗争是不切实际的。要丢掉幻想、勇于斗争，在原则问题上寸步不让、寸土不让，以前所未有的意志品质维护国家主权、安全、发展利益。共产党人任何时候都要有不信邪、不怕鬼、不当软骨头的风骨、气节、胆魄"①。领导干部要胸怀两个大局，丢掉任何贪图安逸以及寄希望于别人的幻想，勇于开展斗争，坚持总体国家安全观，统筹发展与安全，做有风骨、气节、胆魄的共产党人。

1. 准确把握两个大局

习近平总书记强调："领导干部要胸怀两个大局，一个是中华民族伟大复兴的战略全局，一个是世界百年未有之大变局，这是我们谋划工作的基本出发点。"② 中华民族伟大复兴的战略全局是我们当前和今后一个时期要实现的奋斗目标，世界百年未有之大变局是我们当前和今后一个时期所处的时代条件和外部环境，只有牢牢立足于这两个基本出发点来谋划工作，才能达到我们的预期。党员干部要高度重视两个大局，做可堪大用能担重任的栋梁之才。

实现中华民族伟大复兴是中华民族的最高利益。党的十八大以

---

① 《信念坚定对党忠诚实事求是担当作为 努力成为可堪大用能担重任的栋梁之才》，《人民日报》2021 年 9 月 2 日。

② 《习近平谈治国理政》（第 3 卷），外文出版社 2020 年版，第 77 页。

来，以习近平同志为核心的党中央首次正式提出了中华民族伟大复兴的中国梦。习近平总书记指出："现在，大家都在讨论中国梦，我以为，实现中华民族伟大复兴，就是中华民族近代以来最伟大的梦想。这个梦想凝聚了几代中国人的夙愿，体现了中华民族和中国人民的整体利益，是每一个中华儿女的共同期盼。"① 中华民族历史上曾经创造了辉煌的文明成果，但是近代以来，中华民族陷入了山河破碎、民不聊生的惨痛境地，内有封建主义和官僚资本主义的压迫，外有帝国主义的入侵威胁，中国人民长期生活在水深火热之中。中华民族从来是不屈的民族，中华民族从来是优秀的民族，尽管我们身处苦难之中，但对民族复兴的向往却从未忘记。民族复兴意味着国家富强，家国情怀始终是中国人内心的深厚情感，只有实现国家的富强，我们才能免受外来侵略的伤害。民族复兴意味着民族振兴，民族振兴就是要让中华民族骄傲地屹立于世界民族之林，只有这样才能证明中华民族是优秀的民族和不屈的民族。民族复兴意味着人民幸福，任何一个民族都不可能希望自己的人民始终生活在苦难贫穷之中，实现人民的幸福，使人民过上好日子，正是一个民族最朴素的愿望。正是因为中华民族伟大复兴是我们的最高利益，因而也成为了我们的战略全局。在中华民族的最高利益面前，任何困难都不能成为我们民族前进路上的拦路虎和绊脚石，全民族一定会紧紧围绕在这一战略全局周围，向着美好的未来不断前进。我们坚信，在一代又一代中华儿女的接续奋斗之下，中华民族伟大复兴一定会成为现实。

世界百年未有之大变局是我们所处的时代条件和外部环境。习

---

① 《习近平谈治国理政》（第 1 卷），外文出版社 2018 年版，第 36 页。

近平总书记指出："面对波谲云诡的国际形势、复杂敏感的周边环境、艰巨繁重的改革发展稳定任务，我们必须始终保持高度警惕，既要高度警惕'黑天鹅'事件，也要防范'灰犀牛'事件；既要有防范风险的先手，也要有应对和化解风险挑战的高招；既要打好防范和抵御风险的有准备之战，也要打好化险为夷、转危为机的战略主动战。"① 当今世界面临百年未有之大变局，新一轮科技革命导致全球经济格局深刻变革，世界多极化加速推进导致国际格局深刻调整，国际力量的此消彼长导致全球治理体系深刻变革，这一系列的变革导致国际安全挑战越发错综复杂。全球经济发展动力不足且越发不平衡，贸易保护主义及逆全球化思潮开始抬头；全球发展的不确定性和风险性更加凸显，国际秩序越发无序和分裂，大国博弈加剧，地区热点持续动荡，民粹主义、单边主义等极端思潮兴起，恐怖主义、难民危机等非传统安全威胁持续蔓延。中国的发展离不开世界，世界的进步也离不开中国。广大领导干部要深刻把握世界百年未有之大变局所带来的新变化新形势新挑战，立足我们所处的时代条件，抢抓机遇、迎接挑战。

2. 以前所未有的意志品质维护国家主权、安全、发展利益

国家安全是国家生存发展的基本前提，维护国家安全是全国各族人民根本利益所在。习近平总书记强调："我们党要巩固执政地位，要团结带领人民坚持和发展中国特色社会主义，保证国家安全是头等大事。"② 保证国家安全，就要更加自觉地维护我国主权、安全、发展利益，坚决反对一切分裂祖国、破坏民族团结和社会和谐稳定的行为。当前时期，我国面临复杂多变的安全和发展环境，各

---

① 《习近平谈治国理政》（第3卷），外文出版社2020年版，第219—220页。
② 《习近平谈治国理政》（第1卷），外文出版社2018年版，第200页。

种可以预见和难以预见的风险因素明显增多，各方面风险可能不断积累甚至集中显露。国家安全内涵和外延比历史上任何时候都要丰富，时空领域比历史上任何时候都要宽广，内外因素比历史上任何时候都要复杂，维护国家安全和社会稳定的任务十分艰巨。

统筹好发展和安全是实现民族复兴的战略支点。习近平在主持十九届中央政治局第二十七次集体学习时强调，"要统筹发展和安全，善于预见和预判各种风险挑战，做好应对各种'黑天鹅''灰犀牛'事件的预案，不断增强发展的安全性"①。统筹好发展和安全是实现民族复兴的战略支点，没有发展就没有中华民族的伟大复兴；没有安全，发展就得不到保障，民族复兴更只能是空谈。

在中国共产党人的思维里，安全与发展始终是相辅相成、辩证统一的。一方面，安全是发展的前提。我们十分重视对发展的安全性保障，从来不会把发展看作孤立性的事物。改革开放以来，我们强调做好改革发展稳定工作，在发展和改革的同时也注重实现稳定，就是为了给发展提供良好的外部环境，避免不利因素对发展的干扰和阻碍。因此，实现中华民族的伟大复兴，必须做好安全工作，坚决贯彻总体国家安全观，把安全贯穿发展的全过程，加强安全体系建设，着力构筑安全屏障，维护安全稳定局面，增强发展的安全性，实现安全性发展。

另一方面，发展是安全的保障。发展仍然是当前和今后一个时期解决我国所有问题的关键，只有发展才是硬道理。从哲学上来看，发展的本质是新事物的产生和旧事物的灭亡。新生事物代表先进性，因而具有更为强大的生机和活力；旧事物落后于现实需要，正在逐

---

① 《完整准确全面贯彻新发展理念　确保"十四五"时期我国发展开好局起好步》，《人民日报》2021 年 1 月 30 日。

步丧失存在的条件，必然走向衰亡。安全形势从来不是一成不变的，面对错综复杂的安全形势，只有靠发展不断提供动力，靠发展为安全提供物质和精神支撑，才能确保实现长治久安。因此，实现中华民族的伟大复兴，我们仍然要坚持把发展作为第一要务，贯彻新发展理念，构建新发展格局，在发展中保障安全、实现安全。

党员干部要坚持总体国家安全观。必须坚持国家利益至上，以人民安全为宗旨，以政治安全为根本，以经济安全为基础，以军事、文化、社会安全为保障，以促进国际安全为依托，维护各领域国家安全，构建国家安全体系，走中国特色国家安全道路。

3. 做有风骨、有气节、有胆魄的共产党人

共产党人有自己的特殊性，对共产党人的要求不同于一般人，共产党人是社会发展的先锋队，"共产党人"四个字也意味着更高的要求、更严的标准。共产党人的事业，是为了实现全人类的解放和幸福，是最伟大、最崇高的事业，同时也是最艰巨的事业，要完成这样的事业，必须有一支强有力的人员队伍，这个队伍必须素质过硬、能力过硬。党员干部要不断培养自身的风骨、气节和胆魄，既不信邪也不怕鬼，更不能做软骨头，要做英勇的共产主义战士。

共产党人的风骨，就是追求高尚。共产党人是脱离了低级趣味的人，要始终把追求高尚作为自己的目标。任何一个时代，不论社会环境是好是坏，都要有人保持高尚的风骨，而共产党人正是这样的人。共产党人的高尚，就是始终保持为民情怀，不论什么时候，始终与人民群众想在一起、干在一起，不能忽视和贬低人民群众，真正为人民群众谋利益，实现人民群众的幸福和快乐。

共产党人的气节，就是不怕牺牲。社会的发展进步总离不开牺牲奉献，共产党人能够在牺牲中成长壮大，牺牲是吓不倒真正的共

产党人的。所谓"粉身碎骨浑不怕，要留清白在人间"，正是共产党人的生动写照，共产党人的价值意义也就彰显在一次次的牺牲奉献之中。革命年代，无数英烈舍生忘死、血染沙场，用血肉之躯铸就了钢铁长城，抵抗了外来侵略，战胜了国内反动派，书写了可歌可泣的光辉史诗；建设时期，又有王进喜、邓稼先等先进人物，不顾个人安危，服务国家发展；改革开放后，还有沈浩、任长霞、黄文秀等优秀共产党员，在和平年代牺牲在了自己的工作岗位上，继续书写共产党员的荣光，完美诠释立党为公、执政为民的气节。历史证明，只要不怕牺牲，共产党员就是打不垮、压不倒的，就一定能够到达光辉的彼岸。

共产党人的胆魄，就是坚持真理。共产党人在任何时候都要坚持真理，而坚持真理则是需要勇气的。真理不是任何时候都能被直接呈现出来的，也不是所有人都能够发现真理，甚至有的人还会揣着明白装糊涂，故意混淆真理与谬误。真理与谬误之间的对抗是激烈的，要想使真理得到真正贯彻，必须有超人的胆魄和坚韧的毅力。面对邪恶势力，我们要坚持真理，不能被对方吓破胆，并同他们进行坚决地斗争；面对外部挑战，我们要坚持真理，做到有理有利有节，积极应对；面对风险挑战，我们要坚持真理，妥善化解矛盾纠纷。

📖 延伸阅读

1. 马克思、恩格斯：《共产党宣言》，《马克思恩格斯选集》（第1卷），人民出版社2012年版，第376—435页。

2. 习近平：《守纪律，讲规矩（2015年1月13日）》，《习近平谈治国理政》（第2卷），外文出版社2017年版，第151—156页。

3. 习近平：《发扬斗争精神，增强斗争本领（2019 年 9 月 3
日)》,《习近平谈治国理政》（第 3 卷），外文出版社 2020 年版，
第 225—228 页。

深度思考

1. 共产党员应当坚持哪些原则？

2. "好好先生"为什么不好？

3. 请问共产党员的党性和斗争之间是什么关系？

4. 请问共产党员应该如何提高自己的风骨、气节和胆魄？

第五章

严守规矩底线

经典语录

我们共产党人的忧患意识，就是忧党、忧国、忧民意识，这是一种责任，更是一种担当。要深刻认识党面临的执政考验、改革开放考验、市场经济考验、外部环境考验的长期性和复杂性，深刻认识党面临的精神懈怠危险、能力不足危险、脱离群众危险、消极腐败危险的尖锐性和严峻性，深刻认识增强自我净化、自我完善、自我革新、自我提高能力的重要性和紧迫性，坚持底线思维，做到居安思危。

——2014年6月30日，习近平在主持中共中央政治局第十六次集体学习时的讲话要点

党的十八大以来，中国特色社会主义进入新时代。在中国共产党领导下，党和国家事业取得历史性成就、发生历史性变革。我们坚持依规治党，形成比较完善的党内法规体系，在推进国家治理体系和治理能力现代化的进程中不断完善中国特色社会主义制度；我们战胜一系列重大风险挑战，实现第一个百年奋斗目标；我们提出明确的战略安排，为实现中华民族伟大复兴的第二个百年奋斗目标奠定了坚实的物质基础，注入了主动的精神力量。

在中华民族从站起来、富起来到强起来的历史进程中，都离不开中国人民的奋斗与奉献，更需要每一名领导干部务必始终严守规矩底线，务必始终保持谦虚谨慎、不骄不躁的作风。领导干部严守规矩底线，就要有底线思维，就要讲规矩、守底线、知敬畏，正心明道、怀德自重，严以修身、严以律己。

一、讲规矩、守底线，首先要有敬畏心

早在 2016 年 1 月 12 日，习近平总书记在十八届中央纪委六次全会上的重要讲话中强调："标本兼治，净化政治生态。各级党员干部特别是高级干部要从自身做起，廉洁用权，做遵纪守法的模范，同时要坚持原则、敢抓敢管，立'明规矩'、破'潜规则'，通过体制机制改革和制度创新促进政治生态不断完善。"

讲规矩，就要明规矩；立"明规矩"，就要破"潜规则"；讲规矩，就要守底线；守底线，首先就要有敬畏心。

（一）为什么要讲规矩、守底线、知敬畏

不以规矩，不能成方圆。古希腊哲学家德谟克利特讲："凡事都有规矩。"《吕氏春秋》讲："欲知平直，则必准绳；欲知方则圆，则必规矩。"《淮南子》讲："矩不正，不可为方；规不正，不可为圆。"明代政治家张居正讲："天下之事，不难于立法，而难于法之必行；不难于听言，而难于言之必效。"这些都说明了一个道理——家有家规，国有国法，没有规矩无以成方圆。

规矩有三大特点。特点之一：规矩要公示，要广而告之。规矩的制定过程要走群众路线，要遵循从群众中来、到群众中去的原则，是"明规矩"而不是"潜规则"。特点之二：规矩要有细则，要有可操作性。规矩不能只讲原则，而必须具体化，要制定奖惩细则。特点之三：定了规矩，就要执行。规矩不能只写在书面上、停留在口头上，而必须落实在行动中、落实在实际中。

知识链接

商鞅徙木立信

商鞅徙木立信的故事就说明了立规矩的重要性。这个故事源出于《史记·商君列传》，讲的是商鞅开始变法以前为取信于民而设计的一场公共活动。商鞅被秦孝公任命为左庶长，负责秦国变法。他担心百姓不信新法，便将一根三丈长的木头树立在国都的南门外，张榜公示将此木移到北门者奖励十金。百姓对这种举手之劳即可获得重赏的事感到很奇怪，无人相信，也无人搬移此木。随后商鞅把奖金提高到五十金，终于，有一个人抱着半信半疑的心态将此木移至北门，商鞅立马给予五十金。

从此，徙木立信的故事一传十，十传百，商鞅变法赢得了百姓的信任。新法颁布后，各项改革取得成功，秦国变得国强民富，最终一统天下。

在现代社会，规矩就是制度，制度就是规矩。党的十九届四中全会强调："各级党委和政府以及各级党员干部都要切实强化制度意识，带头维护制度权威，做制度执行的表率，带动全党全社会自觉尊崇制度、严格执行制度、坚决维护制度。"要想真正使党员干部把对上负责与对下负责统一起来，必须加强制度建设，创新工作方法，营造良好的干事创业环境。因此，必须要求党员干部讲规矩、守底线、知敬畏，并围绕讲规矩、守底线、知敬畏建立一套干部考核与任免制度，通过制度化建设强化对上负责与对下负责相一致的意识，提高党员干部为人民服务的水平。

1. 推进国家治理体系与治理能力现代化，建设法治中国

推进国家治理体系与治理能力现代化，实质上就是法治化，就是建设法治中国。习近平总书记站在世界百年未有之大变局和中华民族伟大复兴战略全局的高度，深刻地阐述了依法治国、依法执政、依法行政三者之间的有机关系。习近平总书记指出："全面依法治国是一个系统工程，必须统筹兼顾、把握重点、整体谋划，更加注重系统性、整体性、协同性。依法治国、依法执政、依法行政是一个有机整体，关键在于党要坚持依法执政、各级政府要坚持依法行政。法治国家、法治政府、法治社会三者各有侧重、相辅相成，法治国家是法治建设的目标，法治政府是建设法治国家的主体，法治社会是构筑法治国家的基础。要善于运用制度和法律治理国家，提高党

科学执政、民主执政、依法执政水平。"①

法治兴则国兴，法治强则国强。在统筹推进伟大斗争、伟大工程、伟大事业、伟大梦想，全面建设社会主义现代化国家的新征程上，要坚决贯彻落实党的十九大提出 2035 年基本建成法治国家、法治政府、法治社会的战略目标，把党的十九届四中全会通过的《中共中央关于坚持和完善中国特色社会主义制度、推进国家治理体系和治理能力现代化若干重大问题的决定》落实到具体工作中。

治国理政仅有法制是不够的，必须有法治。正如《商君书·画策》讲："国之乱也，非其法乱也，非法不用也。国皆有法，而无使法必行之法。"这句话的含义是指任何国家都需要法律，治国理政，必须依靠法律，但是没有一个能保证法律始终得到遵循，有法不依，国家就会乱。其引申含义是治国，既要有写在书面上的法律，更要有落实在过程中的法治。

法制与法治有联系，也有差异。法制是法律制度的简称，是一种正式的、相对稳定的、制度化的社会规范，主要是指法律及相关制度，属于制度的范畴。法治，顾名思义就是依法办事、依法行政、依法治国。如果把法制看成是静态的，那么法治就是动态的；把法制看成是文本，那么法治就是需要人参与的活动。因此，我们说法治的主体是人。

2. 新时代建设法治中国对党员干部提出了更高要求

法治的主体是人。那么，人不同，治国理政的效果就不同。治理国家不仅要靠百官，而且要靠好官。

什么是好官？戏曲电影《七品芝麻官》中有一句经典台词：

---

① 习近平：《加强党对全面依法治国的领导》，《求是》2019 年第 4 期。

"当官不为民做主，不如回家卖红薯。"封建社会的统治者都要求"以民为本"，知道"民可载舟亦可覆舟"的道理，颂扬清官。在我国历史上，曾涌现出一大批刚正不阿、敢于为民请命的直臣廉吏，如被百姓广为传颂的宋代的包公、明代的海瑞等。

好官、清官、循吏、良吏、廉吏……在不同时代称谓不同，但是，他们都有三个共性。共性之一：志向远大。《尚书·周书》讲："功崇惟志，业广惟勤。"这句话的含义是指只有志向远大，才能建功立业；只有勤勉努力，才能事业有成。其寓意就是好官要立大志、勤努力。共性之二：执政为民。什么才是大志？那就是以天下为公。《礼记·礼运》讲："大道之行也，天下为公。"共性之三：公平正直。要做到天下为公，就要以身作则，一方面，己所不欲勿施于人；另一方面，吃苦在前、享乐在后。正如《贞观政要》讲："理国要道，在于公平正直。"又如《申鉴政体》强调："善禁者，先禁其身而后人。"

在中国特色社会主义现代化建设的新时代，我们反复强调党领导一切，这既对党员干部指明了更高的目标，又同时提出了更高的要求；作为党员干部既要具备领导的业务能力，更要具备领导的思想素质。

（二）如何做到讲规矩、守底线、知敬畏

从正定到宁德，从福建到浙江，在长期治国理政的实践中，习近平始终坚持以身作则，强调讲规矩、守底线、知敬畏，把立规矩、讲规矩、守规矩与坚持依法办事结合起来，坚持依法办事、依法行政、依法治国理政。习近平总书记指出："小智治事，中智治人，大智立法。治理一个国家、一个社会，关键是要立规矩、讲规矩、守

规矩。法律是治国理政最大最重要的规矩。"①

在正定，他坚持依法治村。在福建，他要求党员干部带头依法行政。在浙江，他率先提出建设"法治浙江"。在习近平看来，法治是治国理政的基本方式，全面依法治国既是目标，又是手段。"无论是实现'两个一百年'奋斗目标，还是实现中华民族伟大复兴的中国梦，全面依法治国既是重要内容，又是重要保障。我们把全面依法治国纳入'四个全面'战略布局，就是要为全面建成小康社会、全面深化改革、全面从严治党提供长期稳定的法治保障。"②

党的十八大以来，依法治国被纳入"四个全面"战略布局；党的十九大之后，中央全面依法治国委员会宣告成立。法治中国已经与推进国家治理体系与治理能力现代化结合在一起。这不仅要求不断完善我国的法律体系，不断深化依法治国，而且要求建设一支尊法学法守法用法，讲规矩、守底线、知敬畏的党员干部队伍。

尊法学法守法用法不仅是国家的事，而且是个人的事。在实际工作中，部分人往往有一个误区，那就是法治建设是国家的事，与个人没有多大关系。其实，法治建设是一个系统工程，既属于国家层面，又与每一个公民普及法律知识、培养法律思维、增强法律意识，特别是党员干部讲规矩、守底线、知敬畏有联系。同时，颁布包括《关于新形势下党内政治生活的若干准则》等在内的一系列准则和条例，进一步规范了党内政治生活，保证了全党坚定执行党的政治路线，严格遵守政治纪律和政治规矩，有效提高了党的政治引领力、思想凝聚力、基层组织力。

---

① 《习近平关于全面依法治国论述摘编》，中央文献出版社 2015 年版，第 12 页。
② 习近平：《加强党对全面依法治国的领导》，《求是》2019 年第 4 期。

　　讲规矩、守底线、知敬畏不仅要遵守党纪国法，而且要尊重政治纪律。讲规矩，就要了解什么是规矩。守底线，就要明确什么是底线。首先，党纪国法就是规矩。党员干部只有切实学懂弄通法律法规，在行动上践行法治，牢记职权，公正用权，公平处事，才能真正团结群众、引导群众。党员干部如果对法律法规一知半解，说话办事就会没有底气。其次，政治纪律就是规矩。党的十八大以来，我们党在推进政治建设上旗帜鲜明地加强政治纪律，不断增强了全党的政治意识、大局意识、核心意识、看齐意识，坚定了中国特色社会主义道路自信、理论自信、制度自信、文化自信，坚决维护了习近平总书记党中央的核心、全党的核心地位，坚决维护了党中央权威和集中统一领导，保证了全党服从中央。

1. 讲规矩、守底线、知敬畏要做到知行合一

　　知行合一，顾名思义就是要求思想与行动保持一致。王阳明在贵阳文明书院讲学时首次提出知行合一说。"知行合一"思想包括两层意思：第一层是知中有行，行中有知；第二层是以知为行，知决定行。知行合一在王阳明眼中的真实含义，不仅是思想与行动统一，而且是要按照道德的要求去行动，知行以"致良知"为目标，倡导在道德指导下作出符合道德规范的行为。

　　知行合一要求重视调研，重视理论与实际结合。北宋政治家王安石是知行合一者。曾被列宁称为"中国十一世纪改革家"的王安石，在浙江鄞县做知县时，不以年少而轻浮。他在上任之初就重视调研当地农业生产，了解到鄞县最容易发生旱灾，鄞县农民最怕青黄不接的春耕季节。为此，他未雨绸缪，在粮仓中囤积大量谷物。第二年恰逢旱灾，王安石就把存粮借给受灾的农民，约定秋收之后偿还。这种做法就是后来王安石变法推行的"青苗法"的雏形。

"青苗法"堪称中国最早的农业金融政策，也充分体现了王安石脚踏实地、知行合一的为人做事风格。

明代冯梦龙是知行合一者。他在寿宁县任知县时，不以年长而废事。经过实地调研，确定了通过兴修水利发展农业生产，推动了当时相对落后的福建地区的经济发展。他在任期间当官为民，移风易俗，留下了"政简刑清，首尚文字，遇民以恩，待士有礼"的美誉。

无论王安石还是冯梦龙，我们会发现知行合一者都是行动派，都特别重视调查研究。这是为什么呢？有了调查研究，不仅有了发言权，而且可以制订科学的行动计划，保障行动成功率。

习近平总书记强调："我们党一贯重视理论工作，强调理论必须同实践相统一。理论一旦脱离了实践，就会成为僵化的教条，失去活力和生命力。实践如果没有正确理论的指导，也容易'盲人骑瞎马，夜半临深池'。"[1] 科学的理论只能来源于实践，来源于实践的科学理论又可以反过来推动实践的发展，坚持理论联系实际正是坚持实践基础上实现知行合一的要求，与马克思主义辩证唯物主义的精髓是一致的。学习马克思主义，就要坚持马克思主义中国化，就要坚持用马克思主义指导我们的行动，坚持知行合一。

知行合一要求表里如一，要求做政治上的明白人。领导干部特别是年轻干部要对党的政治纪律和政治规矩怀有敬畏之心，不做政治上的两面人，要做政治上的明白人、老实人。"衡量干部是否有理想信念，关键看是否对党忠诚。领导干部要忠诚干净担当，忠诚始终是第一位的。对党忠诚，就要增强'四个意识'、坚定'四个自

---

① 习近平：《辩证唯物主义是中国共产党人的世界观和方法论》，《求是》2019年第1期。

信'、做到'两个维护',严守党的政治纪律和政治规矩,始终在政治立场、政治方向、政治原则、政治道路上同党中央保持高度一致。这种一致必须是发自内心、坚定不移的,任何时候任何情况下都要站得稳、靠得住。忠诚和信仰是具体的、实践的。要经常对照党章党规党纪,检视自己的理想信念和思想言行,不断掸去思想上的灰尘,永葆政治本色。"①

党的政治纪律

政治纪律是维护党的政治原则和党的政治路线的纪律,在党的纪律中具有特别重要的意义。为了实现党的纲领和主张,坚持党在政治上的原则性和组织上的纯洁性,中国共产党从成立之日起就十分重视政治纪律,要求每个党员和每个要求入党的人都必须"承认党的纲领和章程",拥护党的政治主张。1927 年党的五大通过的《组织问题议决案》中第一次明确地提出了"政治纪律"这个概念。《组织问题议决案》第三条指出,党内纪律非常重要,但"宜重视政治纪律"。

知行合一要求有明辨是非的能力。要高度警惕那些在公开场合口口声声强调"四个意识"而私下里却不贯彻党中央路线方针政策的人,信誓旦旦讲"四个自信"而背后却怀疑马克思主义的人,高谈阔论人民利益至上而遇到个人名誉地位就斤斤计较、牢骚满腹的

---

① 《在常学常新中加强理论修养 在知行合一中主动担当作为》,《人民日报》2019 年 3 月 2 日。

人，在领导面前溜须拍马而在下属和群众面前不可一世的人。

知行合一要求敢于负责、勇于担当、善于作为。领导干部要始终以"咬定青山不放松"的干劲履职尽责，以"抓铁有痕、踏石留印"的韧劲逢山开路，勇于担当，多接一接"烫手的山芋"，磨出一手"硬茧子"，锻造一身"硬身板"，有为才有位。要在选人用人上体现讲担当、重担当的鲜明导向，把敢不敢扛事、愿不愿做事、能不能干事作为识别干部、评判优劣、奖惩升降的重要标准，把干部干了什么事、干了多少事，以及群众是否认可作为选拔干部的依据。

2. 讲规矩、守底线、知敬畏要发挥表率作用

古语云："教者，效也，上为之，下效之。"党员干部要积极发挥主观能动性，保持强烈的事业心和高度的责任心，带头贯彻执行好党的路线方针政策，不断提高服务群众工作的本领，切实发挥表率作用。

知识链接

"半条棉被"的故事

故事发生在 1934 年 11 月，中央红军长征抵达湖南汝城县附近休整，三位女红军在徐解秀家借宿。徐解秀是贫苦人家，家中没有棉被，三位女红军就与徐解秀挤在一张床上，同盖一条棉被。在相处的这几天，三位红军女战士向徐解秀讲革命道理，帮着她烧火煮饭。几天后的一个大清早，红军要出发上路了，红军女战士执意要把棉被留下，徐解秀说什么也不肯接受。在双方僵持不下的时候，一位女红军拿出剪刀把这条被子剪成两半，对徐解秀说：等革命成功后，一定要送你一条完整的棉被。这个故事不仅告诉我们军民鱼水情谊深，而且传递着红军始终把人民放在心中最高位置、坚持与群众同甘共苦的表率精神。

其实，封建统治者也都知道表率的作用。2015年12月，习近平总书记在中央政治局"三严三实"专题民主生活会上专门讲到"康熙不取灵芝"的故事。康熙五十二年（公元1713年），广西巡抚陈元龙向康熙上奏折，称在桂林采到一枝灵芝，引经据典大谈灵芝预示着"祥瑞"。不料康熙不"领情"，批复"朕不必阅"。康熙之所以不接受蕴含"祥瑞"的灵芝，就在于他知道作为皇帝要发挥表率作用。如果皇帝喜欢"祥瑞"，下面就会说阿谀奉承的话，献"祥瑞"贡品。"上梁不正下梁歪"，表率的作用太重要了。

发挥表率作用就要尊法学法守法用法。发挥表率作用，不是发挥表演作用。表率作用要踏石留印、抓铁有痕，要注重维护法律权威，做尊法学法守法用法的表率。党员干部带头尊崇法治，才能使群众认识到法律是必须遵守的行为规范，是保障自身权利的有效武器，才能真正做到维护法律权威。为此，就要按照习近平总书记的要求，要把法治建设成效作为衡量各级领导班子和党员干部工作实绩重要内容，把能不能遵守法律、依法办事作为考察干部重要依据，"让遵法守纪者扬眉吐气，让违法失德者寸步难行"①。

发挥表率作用就要怀有敬畏之心。坚决把纪律和规矩挺在前面，坚决做维护党中央权威和集中统一领导的表率，坚决做勇于自我革命的带头人。习近平总书记强调："思想上松一寸，行动上就会散一

---

① 《全面深入做好新时代政法各项工作 促进社会公平正义保障人民安居乐业》，《人民日报》2019年1月17日。

尺。"对党员干部来说，他们在思想上对法律存在敬畏之心，在行动上就会对自身形成潜移默化的约束作用。反之，在思想上对法律缺乏敬畏之心，一些党员干部就会犯这样或者那样的错误，甚至是完全枉顾法律，出现大搞以言代法、以权压法等严重违法乱纪行为。

二、严以修身，才能严以律己

"修其心治其身，而后可以为政于天下"。从《左传·襄公二十四年》提出的立德立功立言"三不朽"，到《礼记·大学》所述的格物、致知、诚意、正心、修身、齐家、治国、平天下八条目，绘制了一条从修身齐家到治国平天下的成长之路。中国传统文化强调"内圣外王"，"内圣"指的就是一个人的内在道德素养。这句话的含义是指，一个人只有严以修身，培养高尚品德，才能成为合格的领导者。

知识链接

《邹忌讽齐王纳谏》

《邹忌讽齐王纳谏》出自《战国策·齐策一》，讲述了战国时期齐国谋士邹忌从他的妻妾和朋友对他外形的评价中，得出"私我""畏我""有求于我"三种心态，随后他进宫劝谏齐威王要严以修身，虚心纳谏，兼听则明，广开言路，改良政治。

这篇文章塑造了邹忌这样善于思考、勇于进谏的贤士形象，又表现了齐威王从谏如流、严以修身的明君形象，告诉读者"治国平天下"也离不开"修身齐家"。

（一）严以修身是党员干部的必修课

严以修身是党员干部的必修课，必须坚持理论学习和思想意识修养相统一，坚持自内反省和外在监督相统一。

刘少奇十分重视党员干部的思想建设、作风建设。1939年7月，刘少奇在延安马列学院就加强党员修养问题作讲演，形成著名的《论共产党员的修养》。这本小册子全面阐述了共产党员在理想信念、思想理论、道德品质、组织观念、工作作风等方面的修养问题，将儒家"修养"概念引入党建领域，提出共产党员要结合中华优秀传统文化加强个人道德修养，要求每个共产党员都应该加强各方面的修养，而"思想意识上的修养"是"一切其他修养的基础"，强调了加强共产主义道德修养的重要性。这是中国共产党自身建设的伟大创造，也是马克思主义中国化的一个典范。

焦裕禄是严以修身的优秀共产党员。他一辈子生活简朴，衣帽鞋袜都是缝缝补补多次。他总是吃苦在前、享受在后，严守党纪党规，从不利用手中的权力为自己和亲戚谋取好处。在1962—1964年河南兰考遭受严重的内涝、风沙、盐碱"三害"威胁期间，他带领全县干部群众探索出大面积栽种泡桐根治"三害"的成功经验。习近平总书记多次讲述焦裕禄的故事，动情地回忆1966年2月7日在《人民日报》看到穆青撰写的长篇通讯《县委书记的榜样——焦裕禄》的情景。

1. 培养高尚道德情操是严以修身的目标

人格的力量是巨大的，有了高尚的人格，就会有强大的号召力和凝聚力。党员干部要做一个高尚的人，要以自身的道德行为去教育和感化群众。

"先天下之忧而忧，后天下之乐而乐"的政治抱负，"位卑未敢

忘忧国""苟利国家生死以，岂因祸福避趋之"的报国情怀，"富贵不能淫，贫贱不能移，威武不能屈"的浩然正气，"人生自古谁无死，留取丹心照汗青""鞠躬尽瘁，死而后已"的献身精神，都体现了中华民族高尚的道德情操。高尚道德情操具有共同性、稳定性、延续性。党员干部要善于从我国优秀的传统文化中汲取养分，以学益智，以学修身。学诗可以情飞扬、志高昂、人灵秀；学伦理可以知廉耻、懂荣辱、辨是非；学史可以看成败、鉴得失、知兴替。党员干部不仅要了解中国的历史文化，还要睁眼看世界，了解世界上不同民族的历史文化，去其糟粕，取其精华，从中获得启发，为我所用，大兴学习之风，坚持学习、学习、再学习，坚持实践、实践、再实践，不断提高自身道德修养。

 知识链接

《纪念白求恩》

《纪念白求恩》是毛泽东在 1939 年 12 月 21 日为纪念白求恩写的悼念文章。文章高度赞扬了白求恩的国际主义精神、毫不利己专门利人的精神和对技术精益求精的精神，号召向白求恩同志学习。

毛泽东在文尾这样写道："我和白求恩同志只见过一面。后来他给我来过许多信。可是因为忙，仅回过他一封信，还不知他收到没有。对于他的死，我是很悲痛的。现在大家纪念他，可见他的精神感人之深。我们大家要学习他毫无自私自利之心的精神。从这点出发，就可以变为大有利于人民的人。一个人能力有大小，但只要有这点精神，就是一个高尚的人，一个纯粹的人，一个有道德的人，一个脱离了低级趣味的人，一个有益于人民的人。"

严以修身的目标之一：自强不息。《周易·乾》有云："天行健，君子以自强不息。"自强不息就是奋斗精神，就是永不言败的革命英雄主义精神。

严以修身的目标之二：忠诚诚信。《春秋》有云："人之所以为人者，言也。人而不能言，何以为人？言之所以为言者，信也。言而不信，何以为言？""信"由人和言组成。诚信是社会主义核心价值观，党员干部在党组织面前要做到忠诚干净担当，这是新时代党的组织路线基本要求。党员干部要在群众面前做到言而有信，砥砺奋进，这样才能带领、激励广大人民群众跟党走。

严以修身的目标之三：怀揣敬畏心。《诗经》有云："如履薄冰，如临深渊。"党员干部手握人民赋予的权力，面对组织给予的信任，应该在内心时刻保存一份敬畏心，要恪守"权为民所用、情为民所系、利为民所谋"的为官之道。

2. 坚持学习常态化是严以修身的手段

曾子云，"吾日三省吾身"，"三"不是指每天只反省三次，而是代表"经常""多次""反复"。如何修身？有静心、慎独、反省三法。诸葛亮在《诫子书》中说，"夫君子之行，静以修身，俭以养德，非淡泊无以明志，非宁静无以致远"，表达的就是静心可以修身。要能够静心下来，就要学会慎独，培养德性与人性，远离兽性与野性。"山不在高，有仙则名。水不在深，有龙则灵。斯是陋室，惟吾德馨。苔痕上阶绿，草色入帘青。谈笑有鸿儒，往来无白丁。可以调素琴，阅金经。无丝竹之乱耳，无案牍之劳形。南阳诸葛庐，西蜀子云亭。孔子云：'何陋之有？'"唐代诗人刘禹锡《陋室铭》表达了对慎独的推崇。

把古人对于修身的方法转化为现代语言表述就是：第一，要加

强学习；第二，要静下心来学习；第三，要结合学习，对比找差距，不断反省，不断提高。

党的十八大以来，以习近平同志为核心的党中央狠抓作风建设，要求全党同志加强学习，先后开展了"三严三实"专题教育，推进"两学一做"学习教育，结合"不忘初心、牢记使命"开展主题教育。2020年1月8日，在"不忘初心、牢记使命"主题教育总结大会上的重要讲话中，习近平总书记号召全党要学好"四史"。

紧接着面对的就是如何修身。

百年大党要能够永葆纯洁性和先进性、永葆青春活力和创新能力，永远获得人民拥护和支持，只有不断地向历史学习，因为历史是最好的教科书。学好"四史"，我们可以进一步加深对共产党执政规律、社会主义建设规律、人类社会发展规律的认识。

主题教育、学习教育常态化制度化，进一步解决党员队伍在政治、思想、组织、作风、纪律等方面存在的问题，不但教育和训练了广大党员干部，提升了他们的马克思主义理论水平，而且坚持了党的实事求是的思想路线，推动党风政风为之一新，党心民心为之大振。

（二）严以律己是党员干部的基本功

天下之本在国，国之本在家，中华民族历来有重家风、守家规的传统。周恩来等老一辈中共领导人一生清正廉洁，是严以律己的典范。

新中国成立伊始，不少亲友给周恩来写信，希望能在新政府谋求一官半职。为了刹住这种风气，周恩来为亲属制定了后来流传甚广的十条家规。周尔辉是周恩来侄子，也是烈士之后。1952年，周尔辉被周恩来接到北京抚养，大学毕业后留在北京钢铁学院任教。

为解决婚后夫妻两地分居问题，北京钢铁学院为周尔辉的爱人办理了由淮安到北京的调动手续。那几年正是中国遭受严重自然灾害的艰难日子，北京市也正大幅压缩人口。作为总理亲属，要带头执行政策规定，不搞特殊化。周恩来耐心地劝导周尔辉不要把爱人调来北京，而是回淮安工作。周尔辉听从了周恩来的建议，放弃已办好的手续，回到了淮安工作。周恩来在处理亲属关系时，坚持讲原则、严要求，不搞特殊、不谋私利，制定十条家规为党员干部如何把握好权力与亲情关系树立了榜样。

 **知识链接**

周恩来制定的十条家规

晚辈不准丢下工作专程来看望他，只能在出差顺路时去看看；来者一律住国务院招待所；一律到食堂排队买饭菜，有工作的自己买饭菜票，没工作的由总理代付伙食费；看戏以家属身份买票入场，不得用招待券；不许请客送礼；不许动用公家的汽车；凡个人生活上能做的事，不要别人代办；生活要艰苦朴素；在任何场合都不要说出与总理的关系，不要炫耀自己；不谋私利，不搞特殊化。

严以律己是领导干部的基本功。"领导干部要严以修身、严以用权、严以律己，谋事要实、创业要实、做人要实。这些要求是共产党人最基本的政治品格和做人准则，也是党员、干部的修身之本、为政之道、成事之要。"① 要把培养高尚品质与加强党性修养、坚定

----

① 习近平：《在党的群众路线教育实践活动总结大会上的讲话（2014 年 10 月 8 日）》，《人民日报》2014 年 10 月 9 日。

理想信念结合起来，自觉远离低级趣味，自觉抵制歪风邪气。

值得警惕的思潮是，有的认为只需要提高思想认识而不需要培养高尚品德，有的认为只需要加强修身养性而不需要提高思想认识。这两种看法本质上是割裂了思想道德修养之间的关系，把思想认识与道德修养对立起来，是不正确的。

1. 严以律己就要心存敬畏

党员干部要遵守党纪国法，为政清廉，勤于反省，慎独慎微，手握戒尺，心存敬畏。敬畏什么？敬畏权力！就是要坚持用权为民，任何时候都不搞特权、不以权谋私，按规则、按制度行使权力。

2. 严以律己就要勇于担当

党员干部一方面要心存敬畏，另一方面要勇于担当。两者不是矛盾的，而是相得益彰的。只有对权力心存敬畏、大公无私，工作起来才能无欲则刚，才能有容乃大，最终也才能把事情做得好，把工作干得好。反之，如果工作中心存杂念、夹带"私货"，在工作中就不可能一碗水端平，不可能公正公平，最终也就不可能把工作搞好。另外，世上没有不透风的墙，包得住一时包不住一辈子，天网恢恢疏而不漏，贪赃枉法者最终逃不脱党纪国法的制裁。

党员干部要把握好心存敬畏与勇于担当之间的"度"。一方面要反对打着"积极作为"的旗号，追求一时的政绩，搞"一刀切""一锅煮"的简单粗暴的工作作风；另一方面要反对"踢皮球""和稀泥""打太极"，在工作中怠政、懒政。总之，严以律己就要勇于担当，脚踏实地，真抓实干，直面矛盾，善解问题。

三、正心明道、怀德自重

"正心"出自《礼记·大学》："欲修其身者，先正其心；欲正其心者，先诚其意。""明德"则指美德、才德兼备的人，倡导彰明德行。《大学》讲："大学之道，在明明德，在亲民，在止于至善。……古之欲明明德于天下者，先治其国；欲治其国者，先齐其家；欲齐其家者，先修其身；欲修其身者，先正其心；欲正其心者，先诚其意；欲诚其意者，先致其知；致知在格物。物格而后知至，知至而后意诚，意诚而后心正，心正而后身修，身修而后家齐，家齐而后国治，国治而后天下平。自天下以至于庶人，壹是皆以修身为本。"

2021年9月1日，习近平总书记在中央党校（国家行政学院）中青年干部培训班开班式上发表重要讲话强调，我们共产党人为的是大公、守的是大义、求的是大我，更要正心明道、怀德自重，始终把党和人民放在心中最高位置，做一个一心为公、一身正气、一尘不染的人。

这句话有两层含义。第一层含义讲的是"大公""大义""大我"与"正心明道、怀德自重"之间的因果关系。"正心明道、怀德自重"是"大公""大义""大我"的结果，因为"为的是大公、守的是大义、求的是大我"，所以我们就能够坦坦荡荡，真正做到无怨无悔，达到"正心明道、怀德自重"的境界。第二层含义讲的是"正心明道、怀德自重"与"严以修身、严以律己"之间的因果关系。"正心明道、怀德自重"是"严以修身、严以律己"的原因。因为我们明大德，所以"严以修身、严以律己"就不是强迫，而是发自内心自觉地选择；不是短期地，而是长期地、持续地修身养性。

（一）正心明道坚定理想信念

对于一个人而言，只要正心明道、胸怀远大理想，就能克服困难，抵抗诱惑，坚定信念，砥砺奋进。

《青年在选择职业时的考虑》

马克思从小勤奋好学，善于独立思考，有远大的理想。他在中学毕业时写的《青年在选择职业时的考虑》一文引起了老师们的关注。他这样写道："如果我们选择了最能为人类福利而劳动的职业，那么，重担就不能把我们压倒，因为这是为大家而献身。那时我们所感到的就不是可怜的、有限的、自私的乐趣，我们的幸福将属于千百万人，我们的事业将默默地，但是永恒发挥作用地存在下去，而面对我们的骨灰，高尚的人们将洒下热泪。"马克思一辈子就是为了无产阶级和全人类解放的崇高事业而奋斗、战斗。

对于一个民族而言，只有正心明道、胸怀远大理想的一群人紧密团结在一起，才能屹立于世界民族之列。

习近平总书记在庆祝中国共产党成立 100 周年大会上的讲话中指出："这一百年来开辟的伟大道路、创造的伟大事业、取得的伟大成就，必将载入中华民族发展史册、人类文明发展史册！"百年党史是正心明道、胸怀远大理想的一群人紧密团结在中国共产党旗帜下，以"为有牺牲多壮志，敢教日月换新天"的大无畏气概，书写的中华民族几千年历史上最恢宏的史诗。

1. 正心明道要求崇尚英雄

2018 年 4 月 27 日，第十三届全国人民代表大会常务委员会第二次会议通过《中华人民共和国英雄烈士保护法》，决定将每年 9 月

30 日定为烈士纪念日。英雄气激荡，国家有希望。党的十八大以来，从设立烈士纪念日"立大德于社会"，到建立功勋荣誉表彰制度，再到制定英雄烈士保护法，这一系列致敬英烈、崇尚英雄、弘扬英雄精神的国家行动，提倡的是英雄精神、奋斗精神，掀起的是为新时代中国特色社会主义争做先锋、拼搏奉献的时代潮流。

2019 年 9 月 30 日，习近平总书记在国家勋章和国家荣誉称号颁授仪式上的讲话强调，崇尚英雄才会产生英雄，争做英雄才能英雄辈出。党和国家历来高度重视对英雄模范的表彰。今天我们以最高规格褒奖英雄模范，就是要弘扬他们身上展现的忠诚、执着、朴实的鲜明品格。

知识链接

全军挂像英模林俊德

林俊德（1938 年 3 月 13 日—2012 年 5 月 31 日），中国爆炸力学与核试验工程领域著名专家、总装备部某试验训练基地研究员，2001 年当选为中国工程院院士。2018 年，经中央军委批准，增加"献身国防科技事业杰出科学家"林俊德为全军挂像英模；2019 年 9 月 25 日，林俊德入选"最美奋斗者"个人名单。他是参加过 45 次核试验的科学家，荣立一等功 1 次、二等功 1 次、三等功 2 次。作为中国爆炸力学与核试验工程领域著名专家，林俊德投身我国国防科技领域 50 余年，干惊天动地事，做隐姓埋名人。

今日中国，大江南北处处回荡英雄赞歌，神州大地时时谱写英

雄史诗。今日中国，提倡英雄精神，提倡奋斗精神，踏着建党100周年的鼓点，迎着越走越近的复兴梦想，在伟大建党精神旗帜下，英雄精神激励我们勇做新时代的奋斗者、追梦人、实干家。

2. 正心明道要求尊重平凡人

2017年8月，习近平总书记在河北考察时提出要弘扬塞罕坝精神。他指出，河北塞罕坝林场的建设者们听从党的召唤，在"黄沙遮天日，飞鸟无栖树"的荒漠沙地上艰苦奋斗、甘于奉献，创造了荒原变林海的人间奇迹，用实际行动诠释了绿水青山就是金山银山的理念，铸就了牢记使命、艰苦创业、绿色发展的塞罕坝精神。①

塞罕坝精神就是奋斗精神，是平凡人的奋斗精神，是青年人的奋斗精神，是持续奋斗精神。一切伟大成就都是平凡人持续奋斗的结果，一切伟大事业都需要在继往开来中推进。只要有坚定的理想信念、不懈的奋斗精神，脚踏实地把每件平凡的事做好，一切平凡的人都可以获得不平凡的人生，一切平凡的工作都可以创造不平凡的成就。

知识链接

塞 罕 坝

塞罕坝位于河北省承德市围场满族蒙古族自治县境内。这里在历史上曾经是一处水草丰沛、森林茂密、禽兽繁集的天然名苑，随着过度开采退化为高原荒丘，呈现"黄沙遮天日，飞鸟无栖树"的荒凉景象。20世纪50年代中期，毛泽东发出了"绿化祖国"

---

① 《持之以恒推进生态文明建设 努力形成人与自然和谐发展新格局》，《人民日报》2017年8月29日。

的伟大号召。1961 年，林业部决定在河北塞罕坝建立大型机械林场。1962 年，来自全国 18 个省市的 127 名大中专毕业生，与当地干部职工一起组成了一支 369 人的创业队伍，拉开了塞罕坝造林绿化的历史帷幕。一代代塞罕坝人薪火相传，天当床，地当房，草滩窝子做工房，用半个多世纪的接力传承，以青春、汗水甚至血肉之躯，筑起为京津阻沙涵水的"绿色长城"，建成了百万亩人工林海。2017 年，塞罕坝荣获"地球卫士奖"。

（二）怀德自重做人清清白白

怀德自重，是习近平总书记对广大党员干部永葆共产党人政治本色提出的谆谆嘱托。怀德自重是严以修身目标与手段的统一，是对党员干部提出的具体要求。怀德自重之人，必是珍惜自己的名誉，不生妄念、不行苟且、不逾规矩的人。这既是每个人应具备的高尚素养，也是每位党员干部必备的为政之德。

党的十八大之后明确提出"明大德、守公德、严私德"的要求，要把党员干部养德、怀德作为立身之本和从政之基。党员干部作为人民的公仆，对自己的定位很重要，在思想上要树牢"立党为公、执政为民"的观念，在行动上要"照镜子、正衣冠、洗洗澡、治治病"，也就是要怀德自重，做人清清白白。

"山自重，不失之威峻；海自重，不失之雄浑；人自重，不失之尊严。"只有怀德自重，才能赢得美誉，才能赢得群众的信任。俗话说："身正不怕影子斜。"党员干部身正，就能够品行端正，光明正大，堂堂正正做人，严格按照规章制度办事，在诱惑面前才能有底气、有骨气、有锐气。身子正，不仅自己在做事的时候能够问心无

愧，更重要的是可以在群众中树立良好的党员形象，让那些想走歪门邪道的人、想拉关系走后门的人望而却步。

党员干部怀德自重，做人清清白白，不仅要加强自身修养，而且要重视家庭、家教、家风建设。家庭是社会的细胞，发扬光大中华民族传统家庭美德，紧密结合培育和弘扬社会主义核心价值观，推动新时代中国特色社会主义家风建设，是国家发展、民族进步、社会和谐的重要基点。习近平总书记在十八届中央纪委六次全会上指出："领导干部要把家风建设摆在重要位置，廉洁修身、廉洁齐家。"这为加强作风建设、推进反腐倡廉建设指明了新的切入点，为把家风建设与政风建设有机结合起来提供了理论依据。分析近年来查处的腐败案件，家风败坏往往是严重违纪违法的一个主要原因。因此，党员干部的家风，不仅关系自己的家庭，而且关系党风政风。

习近平总书记反复强调："我们必须把人民利益放在第一位。"不忘初心、牢记使命，实质上就是不忘为人民服务的初心。中国特色社会主义新时代为广大党员干部舒展凌云之志、谱写精彩篇章提供了广阔的舞台。要演出一场精彩的人生好戏，就要始终讲规矩、守底线、知敬畏，就要始终严以修身、严以律己、严以用权，就要始终正心明道、怀德自重。只有德才兼备，方为国之栋梁。

延伸阅读

1. 《习近平关于全面从严治党论述摘编》，中央文献出版社2016年版。

2. 《习近平关于注重家庭家教家风建设论述摘编》，中央文献出版社2021年版。

3.《习近平新时代中国特色社会主义思想三十讲》，学习出版社 2018 年版。

4.《习近平关于"不忘初心、牢记使命"论述摘编》，党建读物出版社、中央文献出版社 2019 年版。

深度思考

1. 新时代为什么要加强共产党员的修养？

2. 党员干部讲规矩、守底线、知敬畏要怎么做？

3. 什么是底线思维？什么是政治纪律？党员干部如何做政治上的明白人、老实人？

4. 请从严以修身的角度谈谈党员干部参加学习教育的必要性。

第六章

锤炼过硬本领

经典语录

　　我们处在前所未有的变革时代，干着前无古人的伟大事业，如果知识不够、眼界不宽、能力不强，就会耽误事。年轻干部精力充沛、思维活跃、接受能力强，正处在长本事、长才干的大好时期，一定要珍惜光阴、不负韶华，如饥似渴学习，一刻不停提高。

——2021年9月1日，习近平在2021年秋季学期中央党校（国家行政学院）中青年干部培训班开班式上的讲话要点

不断学习、不断阅读、不断增强本领，能滋养人的浩然之气，能让人得到智慧的启发，能让人保持思想的活力。领导干部如果不加强学习，知识就会老化，思想就会僵化，能力就会退化，就难以做好领导工作。通过不断学习增强本领、增加智慧、增长知识，是新形势下做一名合格称职干部的内在要求和应有之义。

一、刻苦学习克服本领恐慌

习近平总书记强调，我们处在前所未有的变革时代，干着前无古人的伟大事业，如果知识不够、眼界不宽、能力不强，就会耽误事。年轻干部精力充沛、思维活跃、接受能力强，正处在长本事、长才干的大好时期，一定要珍惜光阴、不负韶华，如饥似渴学习，一刻不停提高。世界正经历百年未有之大变局，世情国情党情不断变化发展。我们党也面临如何正确认识和妥善处理发展起来后的新情况新问题。领导干部在工作中遇到的问题越来越多，既有在长期工作中一直没有解决好的老问题，也有以新形式表现出来的老问题，但更多的是前所未见的新问题。面对这些问题，要解决好的唯一途径就是增强自己的本领。今天，面对中国特色社会主义的深入实践，不少领导干部面临本领恐慌和能力不足问题。而且，这种本领恐慌在一定范围、一定时期都是存在的，因此领导干部就要不断刻苦学习克服本领恐慌。

高度重视学习、善于进行学习是领导干部增强本领的重要途径，也是我们党的优良传统。新民主主义革命时期，我们党认真学习马

克思主义理论和各种先进知识，领导中国人民取得了新民主主义革命的胜利。新中国成立后，我们党不断学习执政方法，取得社会主义建设的巨大成就。改革开放后，全党学习一切有利于我国发展的新思想、新知识、新经验，积极借鉴人类文明发展的一切有益成果。从现实来看，党员领导干部的本领在应对各方面困难、挑战时是适应的，但也存在一些问题。我们的适应性在不断下降，而问题不断出现，解决问题的难度不断增大，使二者呈现出一种此消彼长的状态。面对新情况、新问题，很多人进入了"新办法不会用，老办法不管用，硬办法不敢用，软办法不顶用"的本领恐慌。本领恐慌这个概念，最先是由毛泽东于1939年提出的。1939年5月20日，在延安在职干部教育动员大会上的讲话中，毛泽东讲道，"现在我们的队伍里面发生了这样一个矛盾，就是我们的干部不学习便不能够领导工作……我们队伍里边有一种恐慌，不是经济恐慌，也不是政治恐慌，而是本领恐慌"①。"政善治，事善能"，无论是敢于直面问题的担当，还是发现问题的敏锐，抑或是分析问题、解决问题的科学办法，归根到底要取决于各级领导干部的自身能力和素养。正如习近平总书记所提到的，许多领导干部敢于担当，也有韧劲，但往往就是事与愿违，不能解决问题，原因就在于缺乏解决问题的本领。重视学习是中国共产党的优良传统，是我们党领导中国革命、建设、改革不断取得伟大胜利的重要法宝。学者非必为仕，而仕者必为学。不断学习是掌握专业知识的必要条件，领导干部要勤于学习，提升自己的专业素养，努力成为自己专业领域的领头羊。习近平总书记经常号召全党同志，要认识好、解决好前进道路上不断出现的新情

---

① 《毛泽东文集》（第2卷），人民出版社1993年版，第177—178页。

况、新问题，唯一的途径就是加强学习借鉴，只有这样才能克服本领不足、本领恐慌、本领落后的问题，增强破解难题、解决问题的本领。中国共产党人依靠学习走到今天，也必然要依靠学习走向未来。要善于学习，在学习中坚定政治方向，在学习中牢筑理想信念，努力培养力学笃行的优秀品格。

不断提高自己、丰富自己是领导干部工作制胜的法宝，也是党和人民交付的职责。要克服本领恐慌，就要不断提高自己、丰富自己，掌握工作制胜的看家本领。本领不是天生的，是要通过学习和实践获得的。习近平总书记提出要全面增强执政本领，首要的就是增强学习本领。"领导干部只有认认真真地学习、与时俱进地学习、持之以恒地学习，才能始终跟上时代进步的潮流，才能担当起领导重任。"①《荀子·劝学》有言："学不可以已。"意思是学习是一件永远不能停止的事。特别是我们党的领导干部应该清醒地认识到不断学习的重要性。现在我们一些干部，虽然工作很勤奋，对自己要求也很严格，但一到大风大浪来了，就不知如何应对，这就是因为不善于学习而导致的本领恐慌。我们党内的形势发生了很大的变化，改变了传统政绩观、发展观和 GDP 挂帅观，现在提倡绿水青山、高质量发展、创新发展。如果我们的领导干部不去主动学习，不克服传统思维定式，新本领没有培养起来，工作起来就会显得底气不足、成效不彰。当今时代，很多事情都是新的，世界每时每刻都在发展变化，不断学习、增强学习本领是我们广大领导干部履好职、担好责的前提和条件。

---

① 习近平：《领导干部要认认真真学习 老老实实做人 干干净净干事》，《学习时报》2015 年 7 月 21 日。

知识链接

《劝学》

《劝学》是战国时期思想家、文学家荀子创作的一篇论说文，是《荀子》一书的首篇。这篇文章分别从学习的重要性、学习的态度以及学习的内容和方法等方面，全面而深刻地论说了有关学习的问题，较为系统地体现了荀子的教育思想。

其第一段就是关于不断学习重要性的经典论述：

君子曰：学不可以已。青，取之于蓝，而青于蓝；冰，水为之，而寒于水。木直中绳，輮以为轮，其曲中规。虽有槁暴，不复挺者，輮使之然也。故木受绳则直，金就砺则利，君子博学而日参省乎己，则知明而行无过矣。

其含义为：

君子说：学习不可以半途而止。靛青是从蓼蓝草里提炼出来的，却比蓼蓝草还要青；冰是由水凝结而成的，却比水还要寒冷。木材直得符合拉直的墨线，用工艺把它制成车轮，那么木材的弯度就合乎圆的标准了。即使又被风吹日晒而干枯了，木材也不会再挺直，是因为经过加工使它成为这样的。所以木材用墨线量过再经辅具加工就能取直，刀剑在磨刀石上磨过就能变得锋利，君子广博地学习并且每天检验反省自己，那么他就会智慧明达而且行为没有过失了。

保持危机感，一刻不停地提升是领导干部应对挑战的关键所在，更是防范风险的重要保障。领导干部是否有足够的能力防范化解重大风险，关乎党的命运、国家的命运、民族的命运、人民的福祉，因此每一位领导干部都必须努力提高自身的本领能力。唯有如此，我们的领导干部才能胜任领导工作，我们党才能永葆生机与活力，才能始终站在时代的前列，防范化解重大风险。防范化解重大风险不仅仅是一个精神状态和主观态度问题，还是一个专业能力和工作本领问题，各级领导干部必须克服本领恐慌，既要敢于斗争，又要善于斗争，善作善成。我们要提高综合素质和驾驭能力，遇到重大风险挑战、重大工作困难、重大矛盾斗争，能够做到第一时间进行研究，拿出切实可行的预案，有效推动工作，决不能因为风险而躲避，也不能因为能力不足而胆怯、惧怕。

"吾生也有涯，而知也无涯。"当今国际形势不断发展变化，知识更新换代速度加快，只有加强学习，才能增强工作的科学性、预见性和主动性，才能克服本领不足、本领恐慌、本领落后的问题。越是在发展的关键时期，我国发展面临的各方面风险越是不断积累甚至集中显露。这些风险的性质和表现形式多种多样，从性质上来说，有的风险是全局性的、系统性的，有些风险是局部性的、衍生性的；从时间跨度上来说，有些风险是暂时性的，有些风险是长期性的；从领域上来说，我们面临的重大风险，既包括国内的经济、政治、意识形态、社会风险以及来自自然界的风险，也包括国际经济、政治、军事风险等。正如习近平总书记所指出的，"对各种可能的风险及其原因都要心中有数、对症下药、综合施策，出手及时有力，力争把风险化解在源头，不让小风险演化为大风险，不让个别风险演化为综合风险，不让局部风险演化为区域性或系统性风险，不让经济风险演化为社会政

治风险，不让国际风险演化为国内风险"①。因此只有认认真真地学习、与时俱进地学习、持之以恒地学习，既重视学习深度，也重视知识宽度，在建立相对稳定的知识结构的同时，不断吸收新鲜知识，才能跟得上时代进步的潮流，才能担当起重任。

二、多读书、读好书

习近平总书记指出，要发扬"挤"和"钻"的精神，多读书、读好书，从书本中汲取智慧和营养。怎么多读书，读什么样的书呢？

领导干部要用"挤"和"钻"的精神多读书。"爱读书、读好书、善读书"是干部成长成才、提升自我的内在动力，是其改造思想、加强修养的重要途径，同时也是其净化灵魂、培养高尚情操的有效手段。"挤"和"钻"是毛泽东于1939年5月20日在延安在职干部教育动员大会上，针对当时许多干部在理论学习中普遍存在的困难而提出的学习方法，即要在繁忙的工作和生产中以"挤"的方法获得学习时间，以"钻"的方法求得对问题的了解与深入。延安时期，广大干部就是靠着这种"挤"和"钻"的精神，在较短的时间内获得了思想理论水平的快速提升，也为新时代党员干部的理论学习留下了宝贵经验。

没时间就要"挤"时间学，增加知识的厚度。读书、修身、立德，不仅是立身之本，更是从政之基。"不积跬步，无以至千里；不积小流，无以成江海。"学习是知识不断积累、从量变到质变的过程。然而，部分领导干部总以"工作忙""没时间""顾不上"为借口不愿读书，不愿花时间充电提能，导致知识的厚度跟不上工作的

---

① 《习近平谈治国理政》（第2卷），外文出版社2017年版，第82页。

难度。领导干部要用"挤"来对付"忙"，科学合理分配时间，要有规划、会抓重点、能把握关键，挤出时间学习马克思主义原理、学习习近平新时代中国特色社会主义思想、学习党章党史党纪党规，用科学的理论武装头脑，坚定信仰、信念、信心。紧盯薄弱环节，要有针对性地学，弥补知识弱项、能力短板、经验盲区，全面提高适应新时代、踏上新征程的能力。

学不会就要"钻"进去学，提升知识的深度。读书不仅要有"挤"的劲头，还要有"钻"的韧劲。学贵在"钻"与"恒"，钻得愈深，其进愈难，久久为功，方得真知。领导干部学习要有一种钻研的精神，对于看不懂的字句，要细嚼慢咽、反复揣摩，要由表及里、由浅入深、由易到难，反复学、经常学、及时学，要了解书本的创作背景、领会其时代内涵和重要意义。要认真学习马克思主义理论特别是新时代党的创新理论，学习党史、新中国史、改革开放史、社会主义发展史，以一股子钻劲，学出精神、学出态度；要刻苦钻研业务知识，深度研究业务问题，在熟悉工作内容、工作职责的同时，不断提高为民服务的能力。

领导干部要多读关于马克思主义理论的书。一个政党要走在时代前列，一刻也离不开理论指导；一个领导干部要做好本职工作，一刻也离不开理论学习。马克思主义是我们认识世界和改造世界的强大思想武器，是我们做好一切工作的看家本领。在革命战争年代，毛泽东就提出，"如果我们党有一百个至二百个系统地而不是零碎地、实际地而不是空洞地学会了马克思列宁主义的同志，就会大大提高我们党的战斗力量"[1]。可见学好马克思主义理论对于做好工作

---

[1] 《毛泽东选集》（第2卷），人民出版社1991年版，第533页。

的重要性。然而，很多领导干部对基本理论的学习不以为然，认为只要把具体工作干好了就万事大吉；有的领导干部认为马克思主义基本理论太难，不愿意下苦功夫去读原著，或者是浅尝辄止、不求甚解；有的领导干部对理论学习不重视，把自学变不学；有的想起来就学一学，三天打鱼、两天晒网；有的拿学习来装门面；有的学习碎片化、随意化，感兴趣的就学，不感兴趣的就不学。面对复杂的国内外环境，如果缺乏理论指导，是难以战胜各种困难和挑战的。只有学懂了马克思主义基本理论，特别是领会了贯穿其中的马克思主义立场、观点、方法，才能心明眼亮，才能深刻认识和准确把握共产党执政规律、社会主义建设规律、人类社会发展规律，才能始终坚定理想信念，才能在纷繁复杂的形势下坚持科学指导思想和正确前进方向，才能带领人民走对路，才能把中国特色社会主义不断推向前进。

学习马克思主义基本理论，关键要读马克思主义经典著作。恩格斯说，研究理论要根据原著而非第二手的材料，虽然后者要容易得多。二手材料是原著的再加工，学到的多是归纳总结概括的基本原理，无法对马克思主义理论全貌有清晰的认识。毛泽东一直倡导全党学习马克思主义经典著作，并多次列出书单。在1945年党的七大上，他列出五本马列著作（《共产党宣言》《社会主义从空想到科学的发展》《在民主革命中社会民主党的两个策略》《共产主义运动中的"左派"幼稚病》《联共（布）党史简明教程》），并说这五本书"如果有五千人到一万人读过了，并且有大体的了解，那就很好，很有益处"[1]。读原著，可以从中了解马克思主义发展过程，在各种

---

① 《毛泽东文集》（第3卷），人民出版社1996年版，第417页。

理论观点的争论和批判中，加深对马克思主义普遍真理的认识；能够从根本上了解马克思主义的真理性，坚定理想信念；能够掌握马克思主义立场、观点、方法，认识马克思主义的发展进程，做到在继承中坚持，在坚持中发展，在发展中创新。

领导干部要多读关于历史的书。"以铜为镜，可以正衣冠；以史为镜，可以知兴替；以人为镜，可以明得失。"历史蕴含着一个民族、一个国家的形成、发展与兴衰成败。2018年6月，习近平总书记在山东考察时指出，领导干部要多读一点历史，从历史中汲取更多精神营养。通过学习历史，不仅能够丰富自己的历史知识，开阔眼界和胸襟，更能不断深化对共产党执政规律、社会主义建设规律和人类社会发展规律的认识，不断提高自己的工作能力。

领导干部学历史首先要学习中国历史。中华文明源远流长，历史悠久，四大文明中只有中华文明一脉相承，延续至今。在漫长的发展中，中华民族遭受过无数次来自内部或外部的威胁与挑战，但都一一渡过难关，就在于中华民族形成了具有强大生命力的优良传统。学习中国历史就是要继承中华民族的优良传统，从中汲取智慧，如"天下大同"的理想追求，"天行健，君子以自强不息"的进取精神。学习中国历史，就是要学习中国历史上丰富的治国理政经验，如对"德刑相辅""外儒内法"的治国理念以及知人善任的人才观。

领导干部学历史还应学习党史、新中国史、改革开放史、社会主义发展史。习近平总书记在"不忘初心、牢记使命"主题教育总结大会上指出，要学习党史、新中国史、改革开放史、社会主义发展史，这是我们党和国家、我们中华民族的宝贵精神财富。学习"四史"是坚持和发展中国特色社会主义、把党和国家各项事业继续推向前进的必修课，对于不断提升领导干部的党性修养，科学掌握

共产党执政规律、社会主义建设规律、人类社会发展规律，具有重要意义。加强对"四史"的学习，做好现实工作，是中国共产党人从初心出发，"究天人之际、通古今之变"以经世致用。

三、做什么学什么、缺什么补什么

在当今世界、当前形势下，领导干部的知识结构、思想政治素质如何，关系到党的执政水平，关系到现代化建设和改革目标的实现。各级领导干部要加快知识更新，加强实践锻炼，使专业素养和工作能力跟上时代节拍，努力成为做好工作的行家里手。

做好领导工作要具备做好本职工作的专业知识和能力。"工欲善其事，必先利其器。"专业知识是领导干部工作的"金刚钻"，练就好了真功夫，才能揽好"瓷器活"。领导干部要结合工作需要来学习，坚持干什么学什么、缺什么补什么，有针对性地学习掌握做好工作、履行职责所必备的各方面知识，及时了解和掌握经济、政治、文化、社会等各个领域的新知识，不断更新自己的"知识库"，提高知识化、专业化水平。习近平总书记强调，领导干部要结合工作需要来学习，不断提高自己的知识化、专业化水平。学习能力是干部专业化的必备要求，就是要有开放的素质，主动接受新事物，乐于学习新事物，善于探索新事物。习近平总书记既阐明了"过河"的目标，又明确了"过河"必须解决的"桥"或"船"的问题。进入新时代，人民群众对领导干部的要求不断提高，如果一个干部不懂业务知识，外行人干内行事，就会在执行上级决定、落实上级政策中说"外行话"、办"外行事"，损害党和政府的形象。因此，提高领导干部专业化服务能力，要着力在学习专业知识上下功夫。每名领导干部按照"干什么学什么、缺什么补什么、弱什么强什么"的原则，结合不同领域、不同岗位干部的专业化需求，深入开展精准化学习，有针对性地进行"补钙""加油""充电"。要把学习专业知识作为提升专业化服务能力的重要途径和根本方法，养成重视学习、勤于学习、终身学习的自觉性。在学习上下真功夫、实功夫、苦功夫，坚持问题导向，坚持真学真知，持之以恒刻苦钻研，学深学透各自工作领域所需的业务知识，打牢专业知识的基础，弥补知识空白、经验盲区、能力弱项，努力成为行业领域的"政策通""一口清""活字典"和本职岗位的行家里手。

做好领导工作要认真学习经济、政治、历史、文化、社会、科技、军事、外交等多方面的知识，形成战略眼光。学习是进步的阶梯，领导干部想要提升能力水平，更要进行全方位、多角度的学习。广大领导干部只有加强学习，才能增强工作的科学性、预见性、主动性，才能使领导和决策体现时代性、把握规律性、富于创造性，避免陷入少知而迷、不知而盲、无知而乱的困境。领导干部必须着眼于当下，以当前的主要问题为坐标，同时做到不忘本来、面向未来，以马克思主义党建理论为指导，汲取中华优秀传统文化和党的历史经验进行创新。把理论创新置于历史发展的长河中去思考，同时和历史进程相结合，使领导干部的理论焕发新的活力，与历史同在、与潮流共振。领导干部要通过不断学习掌握战略思维，也就是从战略高度来观察、分析和处理问题的思维方式。而所谓战略高度，就是指宏观、全局、长远的高度。"不谋万世者，不足谋一时；不谋全局者，不足谋一域。"这里所说的万世之谋、全局之谋，就是指全面学习的战略思维。具有战略思维，要求领导干部考虑问题和作决策时既要具有系统性、整体性、全面性，又要具有前瞻性、长远性、

可持续性。战略思维是领导干部特别是中高级领导干部必须具备的一种重要素质，加强战略思维是新形势下建设高素质干部队伍的重要内容。在面对新情况、新问题、新挑战时，领导干部需要准确把握党的建设规律和社会主义现代化建设事业的规律，顺应历史潮流，努力构建全面的理论体系，推进社会向前发展，满足人民群众对美好生活的需要。

知识链接

《依靠学习走向未来》

《依靠学习走向未来》是习近平总书记在2013年3月1日中央党校建校80周年庆祝大会暨2013年春季学期开学典礼上讲话的主要部分，后收录在外文出版社2014年版《习近平谈治国理政》中。

经典语录：

我们正在从事的中国特色社会主义事业是伟大而波澜壮阔的，是前人没有做过的。因此，我们的学习应该是全面的、系统的、富有探索精神的，既要抓住学习重点，也要注意拓展学习领域；既要向书本学习，也要向实践学习；既要向人民群众学习，向专家学者学习，也要向国外有益经验学习。学习有理论知识的学习，也有实践知识的学习。

中国共产党人依靠学习走到今天，也必然要依靠学习走向未来。我们的干部要上进，我们的党要上进，我们的国家要上进，我们的民族要上进，就必须大兴学习之风，坚持学习、学习、再学习，坚持实践、实践、再实践。

做好领导工作要带着问题学习，对照遇到的问题找知识上的不足、找能力上的差距。领导干部对于不熟悉的东西要努力去掌握，通过学习缩小差距、补齐短板，提高战略思维、系统思维、辩证思维、创新思维、底线思维、历史思维、法治思维的能力，提高发现问题、分析问题、解决问题的能力。要带着问题思考，对工作和学习中碰到的问题要刨根问底、举一反三，多问一问是什么、为什么，多想一想怎么看、怎么办，善于从个性问题中寻找共性问题，实现从看到问题到洞悉问题转变，把学习成果体现在解决实际问题的成效上。要带着问题调研，搞调查研究既要到那些有成绩、有经验的地方，也要到那些困难大、矛盾多的地方，对着需要解决的问题"望闻问切""解剖麻雀"，从基层一线的实践创造中总结规律性的认识，寻找解决问题的钥匙。习近平总书记在《中共中央关于全面深化改革若干重大问题的决定》向全会作说明时指出："我们强调，要有强烈的问题意识，以重大问题为导向，抓住关键问题进一步思考，着力推动解决我国发展面临的一系列突出矛盾和问题。"① 党的十八大以来，我们解决了许多长期想解决而没有解决的难题，办成了许多过去想办而没有办成的大事，根本原因就在于坚持问题导向，发现问题、直面问题并最终解决问题。当前中国处于近代以来最好的发展时期，世界处于百年未有之大变局中，因此各级领导干部既要牢固树立实践第一的观点、在调查研究中寻找解决问题的办法，又要树立群众是真正英雄的观点、紧紧依靠人民群众解决问题，也要不断加强学习、提高自身解决问题的能力。在攻克一个个问题堡垒中不断创造新的业绩，在解决一个个实际问题中践行初心使命，

① 《习近平谈治国理政》，外文出版社 2014 年版，第 74 页。

为实现"两个一百年"奋斗目标、实现中华民族的伟大复兴而不懈努力奋斗。

四、坚持在干中学、学中干

习近平指出,"实践出真知,实践长真才。坚持在干中学、学中干是领导干部成长成才的必由之路"。学习的目的全在于运用,学习的成效在于解决实际问题。朱熹说:"为学之实,固在践履。苟徒知而不行,诚与不学无异。"也就是说,学习的目的在于实践,如果只是在学习中获取了很多知识,明白了许多道理,却在实践中没有任何改变,那学与不学没有任何区别,学习的意义就大打折扣了。正如邓小平所说:"我们现在所干的事业是一项新事业,马克思没有讲过,我们的前人没有做过,其他社会主义国家没有干过,所以没有现行的经验可学。我们只能在干中学,在实践中摸索。"习近平总书记也指出,"领导干部要发扬理论联系实际的马克思主义学风,带着问题学,拜人民为师,做到干中学、学中干,学以致用、用以促学、学用相长,千万不能夸夸其谈、陷于'客里空'"。①

知识链接

"客里空"

"客里空"是苏联 1942 年出版的剧本《前线》中的一个角色——前线特派记者。"客里空"原义为"喜欢乱嚷的人",或

---

① 习近平:《在中央党校建校 80 周年庆祝大会暨 2013 年春季学期开学典礼上的讲话(2013 年 3 月 1 日)》,人民出版社 2013 年版,第 10 页。

"好吹嘘的人""饶舌者"。在剧本里，作者用讽刺的笔法，刻画了客里空不上前线，不深入部队，每天呆在前线总指挥部里信口开河、弄虚作假、"创造"新闻的形象。

1944 年，《前线》先后在我军许多部队演出，延安《解放日报》在一篇评《前线》的社论中，批判了"客里空"，要大家引以为戒。当时，在党的新闻工作者当中展开了反对"客里空"的热烈讨论。后来，"客里空"就成了弄虚作假的资产阶级恶劣文风的代名词了。

首先要坚持正确的问题导向。坚持正确的问题导向就要科学分析问题。直面问题、发现问题是前提，能不能正确分析问题更见功力。问题分析得越透彻，解决起来就越有针对性。现实世界的问题是错综复杂的，有新问题、有旧问题，有内部问题、有外部问题，有经历过的问题、有从未见过的问题，有经济领域的问题、政治领域的问题、科技领域的问题等，各种问题盘根错节但又不尽相同。这就要求我们坚持用辩证唯物主义和历史唯物主义方法，科学分析问题、深入研究问题，弄清问题性质、找到症结所在。正如习近平总书记所强调的，"要学习掌握事物矛盾运动的基本原理，不断强化问题意识，积极面对和化解前进中遇到的矛盾"[1]。领导干部的学习应当把握正确的方向，如果忽视正确的方向，学习就容易成为"纸上谈兵"，就容易在错综复杂的局势中无所适从，难以抵御各种风险和挑战。在社会发展的进程中，旧的问题得到解决，新的问题又不

---

[1] 《坚持运用辩证唯物主义世界观方法论提高解决我国改革发展基本问题本领》，《人民日报》2015 年 1 月 25 日。

断产生，如此循环往复。要以重大问题为导向，抓住关键问题思考和研究，推动突出的矛盾和问题得到解决。要紧密结合工作实际，深入思考一些带有普遍性和共同性的问题，例如如何解决经济发展方式转变中出现的矛盾问题，如何解决绿水青山和金山银山的辩证关系问题，如何解决收入差距过大导致不同利益群体间的矛盾问题，如何解决各种突发事件，等等。这样的问题和矛盾往往关系到一个地方、一个部门工作的全局，关系到广大人民群众的根本利益，要将学习的着眼点聚焦到研究和解决这些矛盾和问题上，善于发现问题、敢于正视问题，以新的理念、新的思路、新的方法解决问题，提高本领。

其次要坚持理论和实际相联系。毛泽东说："读书是学习，使用也是学习，而且是更重要的学习。"① 学习理论后，在工作实践中运用所学知识，是更深层次、更重要的学习。要坚持学以致用，以用促学，在学中做，在做中学。一方面，要将学习的马克思主义基本理论、各种知识同全面建设小康社会和社会主义现代化建设的实践联系起来，在理论与实践结合中研究和解决改革发展稳定中的重大问题，提高运用基本理论解决问题的能力，不断拓宽工作思路，改进工作方法，提高工作能力。通过理论学习，能够运用马克思主义的立场、观点、方法，正确解释实践中发生的实际问题，能够在经济、政治、文化、社会、生态、军事等各方面的问题上给出科学解释和理论说明。学习理论，不是死记硬背，而是要掌握其中蕴含的立场、观点和方法，并运用到实践中去。正如世界上没有两片完全相同的叶子，在实践中，由于时间、地点、状态的变化，也没有完

---

① 《毛泽东选集》（第 1 卷），人民出版社 1991 年版，第 181 页。

全相同的问题。理论知识学得再好，在实际运用过程中也容易出现"水土不服"的情况。如果在实践中不加辨别、不经思考就强行运用理论知识来解决问题，大概率是要出问题的。同时，部分领导干部学历高、理论知识丰富，但是基层工作经验少，对基层存在的矛盾问题了解少，对基层人民的利益诉求不理解，在工作中单纯依靠学习的理论知识来下判断、作决定，容易造成工作失误。在实际运用学习成果的过程中，要坚持实事求是的原则，深入实践，了解问题症结所在，根据实际情况，对理论加以变通，才能解决问题，并且在实践中提高工作能力，做到学用结合、以用促学。

最后要着力于改造客观世界。马克思说："哲学家们只是用不同的方式解释世界，问题在于改变世界。"① 领导干部通过学习提高了认识能力和认识水平，开阔了视野和胸襟，进而转化为工作动力和工作能力。面对百年未有之大变局，要深刻认识当今世界发展趋势和变化特征，把握新时代中国特色社会主义的发展规律，研究改革开放进程中出现的新情况、新问题，进一步提高领导能力和决策水平，解决人民群众最关心、最直接的利益问题。

学习要自觉改造主观世界。领导干部要将学习同党性锻炼相结合，紧密联系自己的思想实际，自觉加强思想修养，始终保持共产党人应当具有的精神境界。通过读书学习尤其是理论学习，增强改造主观世界的能力，牢固树立马克思主义世界观、人生观、价值观，树立正确的权力观、地位观、利益观，切实解决好理想信念、思想作风、道德情操、清正廉洁等问题，不断增进与人民群众的感情，始终保持共产党人的本色。领导干部主观世界的精神境界提升，党

---

① 《马克思恩格斯选集》（第1卷），人民出版社2012年版，第136页。

性修养增强，才能投入到客观世界的改造中，解决问题和矛盾，为中华民族的伟大复兴添砖加瓦。

学习不是心血来潮、乱学一气，而应该是全面的、系统的。既要抓住学习重点，也要拓展学习领域；既要向书本学习，也要像实践学习；既要向人民群众、专家学者学习，也要向国外有益经验学习。学习过程中要勤思考，正所谓"学而不思则罔，思而不学则殆"。通过思考，培养善于发现的眼睛，练就"透过现象看本质、廓清迷雾辨是非"的本领。学习的目的在于运用，"空谈误国，实干兴邦"，就是反对学习和工作中的"纸上谈兵"。要坚持在干中学、学中干，做到知行合一。

知识链接

知行合一

明武宗正德四年（1509 年），心学集大成者王阳明在贵阳文明书院讲学，首次提出知行合一说。知是指良知，行是指人的实践，知行合一即认识事物的道理与在现实中运用此道理是密不可分的。

知和行的关系是中国古代哲学中认识论和实践论的命题，主要是关于道德修养、道德实践方面的。《尚书》言："非知之艰，行之惟艰。"朱熹说："论先后，知为先；论轻重，行为重。"王阳明反对将知行分作两截，提出"知行合一"思想。"知行合一"思想包括两层意思：知中有行，行中有知；以知为行，知决定行。

知与行的合一，既不是以知来吞并行，认为知便是行；也不是以行来吞并知，认为行便是知。中国古代哲学家认为，不仅要

认识（"知"），尤其应当实践（"行"），只有把"知"和"行"统一起来，才能称得上"善"。致良知，知行合一，是阳明文化的核心。

五、在实践中善于总结思考

习近平总书记指出，同样是实践，是不是真正上心用心，是不是善于总结思考，收获大小、提高快慢是不一样的。如果忙忙碌碌，只是机械做事，陷入事务主义，是很难提高认识和工作水平的。正所谓实践出真知，实践是认识的来源和检验其真理性的唯一标准。但要求领导干部学习、建设学习型政党不是要求大家回到书斋，脱离实践地死读书、读死书，而是要坚持理论联系实际，将学到的理论知识运用到实践中去。领导干部要不断反思这个时代，才能把握这个时代。不断反思实践中出现的问题，才能更好地胜任工作。

当下，不少领导干部都具有高学历、理论知识丰富、视野宽广等优势，但也存在着明显不足，如经历重大斗争和考验的经验欠缺，在处理问题时易出现眼高手低、说得好做得差、想法多办法少等问题。理论知识再丰富，不到实践中检验并反思，终究只是"纸上谈兵"。事物是不断变化发展的，在解决一个矛盾的过程中会涌现出很多新矛盾，在与这些矛盾的不断斗争中，吃苦头、找办法，才能让意志得到锻炼，让斗争本领得到不断提高。党和人民事业长远发展必须要求广大领导干部特别是年轻干部在新时代的实践中锻炼成长，以"踏平坎坷成大道，斗罢艰险又出发"的

顽强意志，应对好每一场重大风险挑战，切实把改革发展稳定各项工作做实做好。

在实践中总结思考，就要做好调查研究。习近平总书记明确指出，重视调查研究，是我们党在革命、建设、改革各个历史时期做好领导工作的重要传家宝。马克思主义的辩证唯物主义、历史唯物主义世界观和方法论，党的实事求是的思想路线，党的从群众中来、到群众中去的根本工作路线，都要求我们的领导工作和领导干部必须始终坚持和不断加强调查研究。只有这样，才能真正做到一切从实际出发、理论联系实际、实事求是，真正保持党同人民群众的血肉联系，也才能从根本上保证党的路线方针政策和各项决策的正确制定与贯彻执行，保证我们在工作中尽可能防止和减少失误，即使发生了失误也能迅速得到纠正而又继续胜利前进。调查研究是我们的传家宝，是我们把握工作实际、制定正确路线方针政策，从而有效解决发展中的种种问题、维护并实现好最广大人民群众根本利益的重要法宝。从根本意义上讲，调查研究的过程就是实事求是的过程。要做好调查研究，就必须着眼实际、勤于实践，要解放双脚、走出屋子，要眼睛向下、深入群众和实地调研，只有这样才能真正掌握更贴合实际的信息和情况；要做好调查研究，就必须全面深入，不可马马虎虎、走走过场、流于形式，在实际工作中要始终秉持实事求是的基本原则，坚持以问题为导向，在调查研究过程中不断地发现问题、分析问题和解决问题；要做好调查研究，关键是要做到"心至"，也就是要心里真的装着老百姓，真心实意地做到体民情、询民意、解民忧，想老百姓之所想，急老百姓之所急，切实地去了解和解决老百姓的困难和需求。

 知识链接

"没有调查，没有发言权"

针对党内存在的教条主义问题，毛泽东在《反对本本主义》中首先提出的一个著名口号——"没有调查，没有发言权"，给教条主义者以当头一棒。1931 年 4 月 2 日，毛泽东在《总政治部关于调查人口和土地状况的通知》中对"没有调查，没有发言权"的论断作了补充和发展，提出"不做正确的调查同样没有发言权"。他强调要解决问题，首先需要对问题产生的现状、历史等进行调查，解决问题必定在调查研究之后，而非之前。事实上，在此之前，毛泽东就一直在践行"没有调查，没有发言权"。为了回击和驳斥党内外对农民运动的责难，1927 年，时任中共中央农民运动委员会书记的毛泽东历经 32 天，步行 700 多公里，实地考察了湘乡、湘潭、衡山、醴陵、长沙五县的农民运动情况，广泛地接触和访问广大群众，获得大量的第一手资料，写就了经典著作《湖南农民运动考察报告》，在紧要关头为中国革命指明了方向。

在实践中总结思考，就要坚守人民立场。领导干部在实践过程中，必须把人民的利益作为工作的出发点和落脚点，反思工作中的得与失、对与错必须以人民利益作为评价的标准。坚守人民至上的工作方法，就要坚持全心全意为人民服务的宗旨。作为以马克思主义为指导建立的政党，共产党除了人民利益没有自己的特殊利益。为实现人民的根本利益，可以牺牲自己的一切，甚至不惜牺牲生命，

这就是共产党人的价值观和人生观。党的根本宗旨是全心全意为人民服务，党的根本立场是人民立场，检验党的一切工作的根本标准是人民利益标准。习近平总书记多次强调要把人民拥护不拥护、赞成不赞成、高兴不高兴、答应不答应作为衡量党和国家一切工作的根本标准，以造福人民为最大政绩。领导干部要着眼于人的全面发展和社会全面进步，不断深化对共产党执政规律、社会主义建设规律、人类社会发展规律的认识，对我国社会主要矛盾变化作出新的概括，对我国发展所处历史方位作出新判断，坚持以人民为中心，不断坚持和完善中国特色社会主义。

在实践中总结思考，就要善于吸取教训。"以铜为镜，可以正衣冠；以史为镜，可以知兴替；以人为镜，可以明得失。"认真吸取历史经验教训，并将之运用于现实的问题中，可以使我们少走弯路。我们党是一个善于总结经验教训，具有很大"弹性"的政党。正是吸取了苏东剧变的经验教训，中国内部的思想分歧有所缩小，稳住了阵脚，我们党领导的中国特色社会主义道路得以继续坚持；正是吸取了海湾战争的经验教训，中国调整了政策，重新规划和加速推进了国防现代化建设，经过 20 年的努力，为中国的现代化提供了和平保证；正是吸取了 1997 年的亚洲金融危机的经验教训，我们党认识到了全球化的两面性，在以后的日子里采取了更加审慎的、有选择、有步骤的开放，对于经济全球化采取了趋利避害的政策与策略；正是吸取了新世纪以来拉美新自由主义危机的经验教训，我们党更加坚定了走自己道路的决心和意志，特别是认识到坚持基本经济制度和进行经济调控的重要性。正是在不断地吸取历史经验的过程中，我们党领导人民取得了一个又一个伟大的胜利。

新形势下，面对变化莫测的国内外局势，我们更要对照历史这面镜子，深入思考并及时发现党面临的"四大考验"又增加了哪些新因素；深入思考并及时发现"四大危险"又有了哪些新苗头；深入思考并及时发现实际工作方面存在哪些问题和不足，努力做到不诿过、不贰过。

延伸阅读

1. 毛泽东：《在延安在职干部教育动员大会上的讲话（1939年5月20日）》，《毛泽东文集》（第2卷），人民出版社1993年版，第176—186页。

2. 习近平：《在中央党校建校80周年庆祝大会暨2013年春季学期开学典礼上的讲话（2013年3月1日）》，人民出版社2013年版。

3.《提高防控能力着力防范化解重大风险 保持经济持续健康发展社会大局稳定》，《人民日报》2019年1月22日。

4. 习近平：《依靠学习走向未来（2013年3月1日）》，《习近平谈治国理政》，外文出版社2014年版，第406页。

深度思考

1. 学习马克思主义基本理论，对领导干部有何重要意义？

2. 在运用所学知识时，领导干部应注意哪些方面？

3. 如何让学习成为一种追求、爱好和生活方式？

4. 谈一谈你对习近平总书记这段话的理解："防范化解重大风险，需要有充沛顽强的斗争精神。领导干部要敢于担当、敢于斗争，

保持斗争精神、增强斗争本领，年轻干部要到重大斗争中去真刀真枪干。各级领导班子和领导干部要加强斗争历练，增强斗争本领，永葆斗争精神，以'踏平坎坷成大道，斗罢艰险又出发'的顽强意志，应对好每一场重大风险挑战，切实把改革发展稳定各项工作做实做好。"

后　记

习近平总书记在 2021 年秋季学期中央党校（国家行政学院）中青年干部培训班开班式上的重要讲话中指出，年轻干部生逢伟大时代，是党和国家事业发展的生力军，必须练好内功、提升修养，做到信念坚定、对党忠诚，注重实际、实事求是，勇于担当、善于作为，坚持原则、敢于斗争，严守规矩、不逾底线，勤学苦练、增强本领，努力成为可堪大用、能担重任的栋梁之才，不辜负党和人民期望和重托。当今世界正处于百年未有之大变局，我们党领导的伟大斗争、伟大工程、伟大事业、伟大梦想正在如火如荼进行，改革发展稳定任务艰巨繁重，我们面临着难得的历史机遇，也面临着一系列重大风险考验。各级领导干部尤其是年轻干部，要牢记习近平总书记的殷殷嘱托，紧密结合思想和工作实际，加强理论学习，提高党性修养，砥砺政治品格，锤炼过硬本领，以忠诚干净担当的实际行动，在全面建设社会主义现代化国家新征程中奋勇争先、建功立业。为了帮助各级领导干部深入学习和领会习近平总书记的相关重要论述，我们组织编写了本书。

本书由中央党校（国家行政学院）哲学教研部副主任董振华教授担任主编，负责全书的提纲和总体框架的设计；陈骊骊和赵亮同志担任副主编，协助做了大量的组稿和统稿工作，并组织中央党校、

著名高校和理论宣传部门一批从事理论研究的优秀青年学者共同编写。还有以下同志参加了本书撰稿和编写工作（按姓氏笔画排序）：王宜科、田坤、刘仁、刘金香、刘淑琪、谷耀宝、张恺、陈云芝、赵鹏璞、胡雨晗、徐国旺、徐瑞坤、翁玮峤、赖明明等。

由于本书所涉及的问题重大、内容丰富、范围广泛，在编写过程中，我们广泛听取了各方面专家学者的意见和建议，他们无论是从材料的提供、选择，还是研究的角度、思路等方面都提出了宝贵的意见；编写过程中也参考了中央以及地方各主流媒体的一些理论文章，在这里一并致谢！

最后我们非常诚恳地指出，本书涉及面广，需要相当深厚的理论功底和坚实的实践认识作为支撑，而我们的水平和能力有限，不当之处在所难免，恳请读者和有关专家不吝指教！

董振华

2021 年 9 月